LA SOCIÉTÉ DE SECOURS AUX BLESSÉS MILITAIRES

DES ARMÉES DE TERRE ET DE MER

En Chine

1900-1901

(Croix-Rouge Française.)

FONDÉE EN 1864

PARIS
SIÈGE CENTRAL DE LA SOCIÉTÉ : 19, RUE MATIGNON

DÉCEMBRE 1901

LA SOCIÉTÉ DE SECOURS
AUX BLESSÉS MILITAIRES
En Chine

1900-1901

Le Général duc d'Auerstaedt
Président de la Société française de Secours aux Blessés militaires.

LA SOCIÉTÉ DE SECOURS AUX BLESSÉS MILITAIRES

DES ARMÉES DE TERRE ET DE MER

En Chine

1900-1901

(Croix-Rouge Française.)

FONDÉE EN 1864

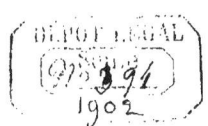

PARIS
SIÈGE CENTRAL DE LA SOCIÉTÉ : 19, RUE MATIGNON

DÉCEMBRE 1901

PRÉFACE

Ce fut dans une séance hâtivement convoquée le 20 juillet 1900 par son Président, le duc d'Auerstaëdt, que le Comité de la *Société de Secours aux Blessés* décida de prendre une part active à l'expédition de Chine, non pas seulement comme la Société l'avait fait au Tonkin, au Sénégal, à Madagascar par l'envoi de caisses de matériel, mais par l'organisation d'un ou de plusieurs hôpitaux de campagne au complet.

L'heure était grave, presque tragique. On savait notre Ministre et un grand nombre de nos nationaux assiégés dans la Légation. On savait nos missionnaires et nos Sœurs de Charité enfermés dans le Peï-Tang. Nul ne pouvait prévoir quel sort les attendait, et si, comme on pouvait le craindre, ils succombaient les uns et les autres à une fin cruelle, nul ne pouvait mesurer non plus les conséquences qu'entraînerait la nécessité d'infliger un châtiment exemplaire à leurs meurtriers. Quelle serait la durée d'une guerre entreprise au loin contre un immense Empire? Dans quelles conditions cette guerre s'exercerait-elle? A quelles extrémités pourraient se trouver exposés tous ceux qui, à un titre quelconque, seraient associés à cette expédition? Pour la *Société de Secours aux Blessés*, c'était l'inconnu. Pour ceux qui auraient l'honneur de la représenter, c'était le péril.

Ce furent ces raisons mêmes qui, sous l'impulsion vigoureuse de leur Président, entraînèrent la décision des membres du Comité de la *Société de Secours aux Blessés*. Ils estimèrent que la France étant pour la première fois depuis 1870, engagée dans une expédition qui pouvait prendre les proportions d'une grande guerre, et le drapeau national devant, pour la première fois également, flotter côte à côte avec celui de presque toutes les nations de l'Europe, le pavillon de la Croix-Rouge Française devait se montrer aussi dans ces lointains parages et disputer à celui des Sociétés étrangères l'honneur de représenter les droits de l'humanité.

La décision, une fois prise, restait à en assurer l'exécution. Les difficultés étaient nombreuses. D'abord, la brièveté du temps. On était au 20 juillet. Le premier envoi de troupes partait de Marseille dans les premiers jours d'août. Il fallait être prêt pour cette date. Sans doute, de son magasin général de Boulogne, si amplement fourni de tout ce qui est nécessaire en temps de guerre, la Société pouvait tirer en quelques jours tout ce qui était nécessaire à la formation, non seulement d'un, mais de plusieurs hôpitaux de campagne munis de tous les perfectionnements que, depuis la dernière guerre, la science chirurgicale a découverts et imposés. Mais restait la question du personnel? Où le trouver? Comment, en quelques jours, déterminer un nombre suffisant de chirurgiens, d'internes, d'infirmiers ou d'infirmières à partir en hâte pour une expédition lointaine, peut-être périlleuse, certainement très longue. La difficulté fut cependant rapidement résolue, ou plutôt elle devait se transformer en une autre : celle de choisir entre les nombreux concours et dévouements qui s'offraient. D'un côté, le Ministre de la Marine mettait à la disposition de la Société un personnel d'élite choisi parmi les médecins de la Marine dont l'expérience nous a révélé la haute valeur. De l'autre, un simple appel affiché à la Faculté de Médecine nous attirait de nombreuses offres de service, entre lesquelles nous n'avions qu'à faire un choix, et l'expérience nous a montré également combien ce choix avait été heureux. Aussi, en quelques jours, un personnel éprouvé de trois médecins militaires, de trois médecins civils, et de deux pharmaciens se trouvait-il à notre disposition.

Restait la question des infirmières. Nous ne saurions oublier que, parmi les dames qui ont suivi les cours institués par la *Société de Secours aux Blessés* et qui ont obtenu leur brevet, plusieurs s'offrirent pour partir avec nos ambulances. Tout en étant profondément touchés de leur dévouement, nous n'avons point cru devoir les exposer à tant de hasards et nous nous sommes adressés à la Supérieure générale de Saint-Vincent-de-Paul. Pour elle aussi, l'heure était tragique, car elle ne savait absolument rien du sort des nombreux établissements que son Ordre possède en Chine et de celles qui les occupaient. Ses entrailles de mère s'émurent à notre demande et elle eut un instant de révolte : « — Quoi! — nous dit-elle, — je ne sais pas ce que sont devenues mes filles de là-bas, si elles ne sont pas à l'heure qu'il est massacrées ou livrées aux pires tortures, et vous venez me demander de vous en donner encore pour les exposer à tous les hasards d'une guerre contre des barbares. » — Elle hésita et demanda à réfléchir. Le résultat de ses réflexions fut que le lendemain elle nous donnait cinq Sœurs, et nous autorisait à en ramasser quinze autres en Chine, là où nous pourrions en trouver, pour compléter le personnel qui nous était nécessaire. Peut-être s'étonnera-t-elle de trouver ici quelques mots de remerciements.

Ainsi avait pu être réglée en quelques jours la question du personnel technique. Mais une seconde question, la plus difficile de toutes, restait à résoudre. Qui mettre à la tête de ce personnel? A qui confier la représentation de la Société, dans ces régions éloignées, avec lesquelles les communications, toujours difficiles, pouvaient être brusquement interrompues? Qui prendrait au jour le jour ces mille résolutions, les unes capitales, les autres secondaires, mais nécessitant toutes un sens juste et une volonté ferme? Qui serait, en un mot, le délégué responsable de la Société et le chef de l'Ambulance? La préoccupation aurait été grande pour nous, si un dévouement sans réserve dont nous avions reçu l'offre dès les premiers jours n'était venu nous tirer de peine.

Éprouvé, lors de la catastrophe du Bazar de la Charité, par la plus grande douleur qui puisse atteindre un homme, M. de Valence, dont la vie depuis lors a été consacrée aux bonnes œuvres, nous avait adressé dans les derniers jours de juillet une lettre où il nous proposait modestement ses services comme infirmier. D'un homme de son expérience et de sa charité, ce n'était pas un infirmier, c'était un chef d'ambulance et un représentant de la Société qu'il fallait faire. On verra beaucoup moins par son propre rapport que par ceux de ses compagnons de labeurs et d'efforts, MM. les docteurs Laffont et Labadens, et aussi par les lettres de M. l'amiral Pottier, Commandant en chef l'Escadre de l'Extrême-Orient, et de M. le général Voyron, Commandant en chef le Corps expéditionnaire, ce que M. de Valence a été durant cette campagne.

Ajoutons que, tant pendant la période de préparation où il a fallu déployer une activité fiévreuse, que pendant toute la durée de la campagne où il a fallu prêter de loin aide et assistance à notre Délégué en demeurant en incessante communication avec lui, en répondant à ses demandes, en lui expédiant les envois dont il avait besoin, M. de Valence a trouvé un concours constant, dévoué, infatigable, chez notre Secrétaire général, non moins éprouvé que lui lors de ce tragique événement dont nous rappellions le souvenir tout à l'heure. Ainsi, l'union de deux hommes qui cherchent dans l'exercice de la charité un soulagement à de cruelles douleurs, est venue puissamment en aide à l'action de notre Société. Cette rencontre montre une fois de plus comment, de ces catastrophes qui troublent, ébranlent et font parfois douter un instant notre raison, la Providence sait tirer des fruits bienfaisants, combien aussi est inépuisable et féconde la source des grandes douleurs.

Nous serions incomplets si nous n'ajoutions pas que M. de Valence a trouvé lui-même un précieux concours dans l'assistance de nos deux délégués adjoints, MM. le vicomte de Nantois et le baron Robert Baude, dont l'un, qui s'était offert à nous des premiers, devait partir avec M. de Valence, et dont l'autre, qui devait accompagner plus tard un envoi supplémentaire de matériel, est resté jusqu'à la fin de l'expédition, tandis que M. de Nantois (dont on trouvera un très intéressant rapport dans ce volume), gravement atteint dans sa santé, voulait bien accompagner le premier convoi de blessés rapatriés.

* * *

Notre personnel étant ainsi au complet, et tout le matériel nécessaire assuré par le dépôt de Boulogne, comment expédier là-bas matériel et personnel, et, une fois arrivés, comment leur assurer un rôle efficace?

Telle était la seconde question à résoudre.

Pour le transport, le Ministère de la Marine voulait bien le prendre à son compte. Il nous promettait d'embarquer notre Ambulance sur le *Notre-Dame-de-Salut*, nolisé par lui pour transporter en Chine une partie du Corps expéditionnaire, et qui devait partir de Marseille le 10 août. Mais, nos formations sanitaires arrivées en rade de Takou, quel rôle leur serait assigné par l'autorité militaire de laquelle nous dépendons? A quels besoins auraient-elles à pourvoir? Nous l'ignorions absolument. Nous savions seulement, d'après les indications de M. le médecin-inspecteur Dieu, directeur du Service de santé au Ministère de la Guerre, que s'il fallait sans doute penser par avance aux blessés, il fallait aussi et surtout penser aux malades. Or, tel mode de traitement, telle installation surtout excellente pour les uns, n'est pas suffisante pour les autres. Aussi plusieurs combinaisons s'offraient-elles à notre esprit : celle d'un bateau-hôpital aménagé par la Société, qui deviendrait une ambulance flottante pouvant se transporter là où besoin serait; celle d'un sanatorium, établi sur un point salubre de la côte de Chine ou de préférence au Japon, le tout, bien entendu, sans préjudice d'une ambulance mobile destinée à se mettre à la disposition du Commandement militaire et à suivre le Corps expéditionnaire partout où il la conduirait. Il fallait tout prévoir, tout rendre possible et ne s'être cependant lié les mains par aucune combinaison définitive. Aussi prenions-nous le parti d'abord de doubler l'envoi que nous comptions faire et d'expédier en Chine non pas seulement un, mais deux hôpitaux de campagne, dont l'un pourrait suivre le Corps expéditionnaire et l'autre servir à l'établissement d'un sanatorium. En même temps, nous passions un traité avec l'armateur du *Notre-Dame-de-Salut* qui devait transporter en Chine un détachement du Corps expéditionnaire, traité d'après lequel ce navire-transport, autrefois organisé pour les pèlerinages en Terre-Sainte, demeurerait à la disposition de la Société et pourrait être transformé en bateau-hôpital. Par cette double combinaison, il était paré aux éventualités les plus diverses, et toutes les mesures de prévoyance étaient prises en prévision même de l'inconnu.

C'est dans ces conditions que le personnel de nos deux hôpitaux s'embarquait, le 10 août, avec tout le matériel sur le *Notre-Dame-de-Salut*, escorté jusqu'à Marseille par notre Secrétaire général, et accompagné à bord par notre Comité de Marseille qui, le matin du départ, avait, par une messe célébrée à Notre-Dame-de-la-Garde, appelé la bénédiction de Dieu sur les partants.

*
* *

A compter de ce départ, nous laissons la parole aux auteurs des différents rapports que contient ce volume. Rien ne saurait valoir, dans leur détail et leur simplicité le récit de ces longs mois d'épreuve et d'efforts, dû à ceux-là même qui y ont participé. Ils ont été à la peine : c'est à eux d'être à l'honneur. Dans le rapport de M. le médecin principal de la Marine Laffont, on verra comment le *Notre-Dame-de-Salut*, qui était arrivé à Takou infecté par le transport d'hommes et d'animaux entassés dans des conditions déplorables, a pu être en quelques jours, par une série d'ingénieuses mesures de désinfection et d'hygiène, transformé en un bateau-hôpital parfaitement sain. Les hommes du métier pourront, en vue d'une guerre maritime, tirer toute une série de conclusions des plus intéressantes du rapport de M. le docteur Laffont. On y verra également les services rendus par le *Notre-Dame-de-Salut*, d'abord comme ambulance flottante où furent recueillis les premiers malades et les premiers blessés du Corps expéditionnaire, ensuite comme hôpital mobile faisant de fréquents voyages entre la côte de Chine et celle du Japon où un sanatorium avait été rapidement établi, enfin comme transport rapatriant les premiers blessés et malades qui purent supporter le long et fatigant voyage du retour.

De ces diverses étapes on trouvera l'alerte récit dans un rapport de notre délégué adjoint M. de Nantois, qui a vaillamment payé de sa personne tant en Chine qu'au Japon et qui a su joindre à l'entrain de la jeunesse, l'autorité de l'âge mûr. Il nous suffira de dire que le *Notre-Dame-de-Salut* a hospitalisé 457 blessés ou malades ayant donné lieu à 13 883 journées de traitement.

Dans le rapport de M. le médecin de première classe Labadens, on trouvera au contraire l'histoire du sanatorium de Nagasaki. On y verra comment ce sanatorium put être rapidement établi aux portes de cette grande ville japonaise, dans des conditions excellentes, grâce au dévouement patriotique des Sœurs de l'Enfant-Jésus de Chauffailles. Ces Sœurs, qui ne sont pas hospitalières, mais enseignantes, possèdent à Nagasaki un magnifique pensionnat et orphelinat. A la demande qui leur fut adressée elles répondirent sans hésiter. Elles renvoyèrent les pensionnaires dans leur famille, prirent des mesures pour placer provisoirement les orphelines, et, ne se réservant qu'un petit logement, mirent à notre disposition un vaste établissement où un hôpital de 160 lits put être installé. Elles firent plus; elles fournirent le personnel. « Bien que n'appartenant pas à un ordre hospitalier, dit M. le médecin principal Laffont, elles ont endossé sans la moindre répugnance la blouse d'infirmière, et rempli ces attributions volontairement acceptées avec la patience et le dévouement qu'elles apportaient naguère à l'éducation de leurs élèves » et M. le médecin de première classe Labadens ajoute : « Quelques jours leur ont suffi pour s'adapter à leur nouveau rôle. Elles gardèrent de l'ancien la douceur toute maternelle contractée auprès de leurs enfants. Elles ont entouré nos malades de cette atmosphère familiale dont on ressent si vivement l'absence dans ces pays lointains et dont on n'apprécie jamais autant la douceur que dans la maladie. »

Nous n'entrerons pas dans le détail du fonctionnement de cet hôpital qui a été ouvert huit mois, et n'a été fermé que le jour où l'Autorité militaire a fait savoir à notre Délégué qu'elle ne jugeait pas utile de le maintenir plus longtemps. Nous nous bornerons à dire que durant ces huit mois, il a reçu 423 malades ayant fourni 14 802 journées de traitement. Il n'y a eu que 11 décès.

Assurément les deux rapports médicaux dont nous venons de parler sont pleins des renseignements les plus intéressants. Ils fournissent au point de vue sanitaire et colonial une contribution des plus instructives à l'histoire des armées en campagne, et cette première tentative de formations sanitaires maritimes et d'hôpital flottant, pouvant cependant en cas de besoin se transformer en ambulance à terre et en hôpital fixe, tentative dont l'honneur revient à la Croix-Rouge Française, a été, au point de vue des guerres coloniales ou maritimes, une précieuse leçon. Mais ceux qui n'aiment point à prévoir les malheurs de si loin, ou qu'intéressent médiocrement les questions techniques ne pourront, nous en sommes assurés, lire sans émotion le rapport de notre Délégué M. de Valence, qui commence au 10 août 1900, jour où il est parti de Marseille sur le *Notre-Dame-de-Salut* avec notre ambulance au complet, et qui se termine au 1er juillet 1901, jour de la fermeture de l'hôpital de Nagasaki. On trouvera dans ce rapport tout ce que la Société a fait, mais il y faudra deviner entre les lignes ce que M. de Valence a fait lui-même.

Parmi les membres de notre Comité, il y en a quelques-uns, et ce ne sont pas les plus jeunes, qui se sont trouvés à Paris pendant le siège. Ceux-là ont eu l'occasion de visiter l'ambulance que notre Société avait établie d'abord au Palais de l'Industrie, puis au Grand-Hôtel, dans des conditions bien différentes, au point de vue hygiénique, de celles qu'on recherche aujourd'hui. Ils se souviennent de ces salles remplies de blessés, dont les uns succombaient quelques heures après leur arrivée aux suites de leur blessure même, et les autres, après quelques jours ou quelques semaines de lutte, aux conséquences de l'opération qu'ils avaient subie dans des conditions aujourd'hui inacceptables aux yeux de la science. Ils se souviennent de l'odeur affadissante qui y régnait, de l'aspect mélancolique de ces salles remplies de mourants, de l'atmosphère malsaine qu'on y respirait. Mais ils se souviennent aussi du rôle que jouaient, au milieu de ces scènes de deuil, les quelques femmes courageuses et dévouées qui venaient en aide aux chirurgiens et aux infirmiers. Lorsque le chirurgien avait opéré, lorsque l'infirmier avait pansé, leur rôle commençait. Elles s'asseyaient au chevet du blessé, remontaient son courage, égayaient ses heures de convalescence. Parfois, leur rôle était plus touchant encore : elles recueillaient de la bouche de ces pauvres petits soldats de vingt ans, qui mouraient loin du pays, les confidences et les recommandations suprêmes ; elles se chargeaient de leurs tendresses pour de chers absents, et quelques-unes poussaient la charité jusqu'à imprimer leurs lèvres sur un front déjà glacé, pour donner à un mourant l'illusion du dernier baiser maternel.

Eh bien ! ce que ces femmes, dont quelques-unes sont encore attachées à notre Société, ont fait pendant le siège de Paris, M. de Valence l'a fait pendant toute la durée de l'expédition de Chine. Sans doute il a été rarement témoin de scènes aussi douloureuses, mais son dévouement incessant, qui ne s'est pas relâché pendant une année, s'est multiplié en soins ingénieux. Ne lui demandons pas ce qu'il a fait, mais écoutons M. le médecin principal Laffont : « Le « rôle du Délégué fut multiple : à l'administration de l'hôpital, se « joignit la distribution des dons en nature, des vêtements chauds, « des vins, des approvisionnements. Elle fut faite par lui aux postes « les plus éloignés de l'intérieur de la Chine, à une saison où le « froid était le plus rigoureux, les communications les plus difficiles.

« Le traitement moral de nos malades fut aussi de son ressort « comme la correspondance avec les familles et les lettres écrites « pour les illettrés ou les impotents. Tout cela prenait les heures que « laissaient disponibles ses nombreuses occupations. Il ne m'appartient pas de juger son action ; elle a été appréciée par tous ceux « qui en ont été témoins, par tous ceux qui en ont bénéficié. J'exprime

« seulement la crainte que sa modestie n'ait laissé son rôle tout
« entier dans l'ombre pour s'étendre longuement sur ce que les
« autres ont pu faire. »

Et M. le médecin de première classe Labadens ajoute :

« M. de Valence consacre aux malades tous ses moments de
« loisir, les console, les réconforte, s'enquiert de leurs désirs, con-
« verse avec eux de leur famille, de leurs projets, et leur prodigue,
« avec une patience inaltérable, ces marques de sympathie aux-
« quelles nos pauvres troupiers sont d'autant plus sensibles qu'ils
« y sont moins accoutumés. L'inépuisable bonté de notre Délégué
« général s'exerce sur tous, mais va de préférence aux plus hum-
« bles ; elle ranime leur confiance, elle leur donne l'énergie indis-
« pensable à la lutte contre le mal ; elle leur inspire enfin des sen-
« timents de reconnaissance qui les maintiennent dans le devoir
« quand la convalescence s'établit. »

Telle a été l'action personnelle de notre Délégué. Il nous reprochera peut-être ces quelques lignes, mais il nous reprocherait surtout de ne pas dire qu'il a été puissamment secondé par notre délégué adjoint, M. Robert Baude, dont le dévouement reçoit également, dans le rapport de M. le docteur Labadens, un hommage mérité.

Il nous faut dire aussi que M. de Valence ne s'est pas seulement occupé des vivants. Il a encore pensé aux morts. Avant de quitter Nagasaki, il a fait célébrer en grande pompe, en présence des deux Amiraux Pottier et Bayle, de leurs états-majors et de nombreux officiers de l'Escadre, un service en l'honneur des officiers et des soldats morts pendant l'expédition, et, devant cette assistance recueillie, la jeune cathédrale japonaise a retenti de ces vieilles prières où la liturgie catholique sait mêler aux accents de la douleur les chants de l'espérance, en disant à ceux qui restent et qui pleurent, « que la nuit sera changée en jour et qu'après les ténèbres viendra la lumière ».

M. de Valence s'est occupé également de leur dépouille. Il savait que, en plus des 11 malades qui avaient succombé à l'hôpital, les corps de 23 officiers ou soldats français décédés à Nagasaki étaient disséminés dans le cimetière international de cette ville sans que ni une tombe ni une croix indiquât l'endroit où ils reposaient. Ici nous lui laissons la parole :

« Émus d'un tel abandon, vos Délégués jugèrent de leur devoir
« de faire donner à ces morts une sépulture digne d'eux et du pays
« pour lequel ils étaient tombés. L'appel qu'ils adressèrent autour
« d'eux fut entendu. La *Société de Secours aux Blessés militaires* fit
« l'acquisition du terrain, le *Souvenir Français* se chargea du monu-
« ment, l'Amiral enfin accorda le crédit nécessaire à l'acquisition de
« l'entourage et des tombes. Les corps de trente-quatre marins ou

« soldats, qui reposaient dans le cimetière international, furent exhu-
« més et transportés dans le terrain concédé. Le 5 juillet, tout était
« prêt : ce même jour eut lieu l'inauguration du cimetière. Contrariée
« par le temps, qui ne permit pas à l'Amiral de la présider lui-même,
« la cérémonie répondit cependant au double but que s'étaient pro-
« posé les promoteurs de l'OEuvre, donner à nos morts une sépulture
« chrétienne et montrer aux habitants de ces contrées lointaines com-
« ment la France sait honorer la mémoire de ses enfants. La béné-
« diction du Cimetière fut faite par le Père Salmon, vicaire général
« de Nagasaki, aumônier de la Croix-Rouge. Le monument et les
« tombes disparaissaient sous les fleurs. Quelques paroles pronon-
« cées par le Consul de France, votre délégué et le Chef d'état-major
« de l'Escadre, représentant l'Amiral, terminèrent la cérémonie, à
« laquelle assistaient, avec la colonie française, les autorités civiles
« et militaires de Nagasaki. M. le général Voyron, Commandant en
« chef le Corps expéditionnaire, avait tenu à s'y faire représenter
« et, par une délicate attention, avait désigné pour cette mission
« un officier de son état-major dont le nom nous rappelait, en même
« temps que les plus glorieuses traditions militaires de la France,
« la haute personnalité du Président même de notre Société, j'ai
« nommé M. le lieutenant d'Auerstaëdt. »

M. de Valence eut encore une pensée pieuse. Il fit faire un plan du nouveau cimetière, portant sur chaque tombe un numéro d'ordre qui correspond au nom du soldat ou du marin dont elle contient les restes. Il a fait photographier ce plan et en a envoyé un exemplaire à toutes les familles qui ont un des leurs reposant dans ce cimetière. Ainsi elles ont la consolation de savoir et de voir de leurs propres yeux que celui qui leur fut cher repose aujourd'hui en terre devenue française, à l'ombre de la croix.

Pour tant d'efforts, pour tant de pensées pieuses, pour tant de dévouement mis au service de nos soldats et de nos marins, dans ces contrées lointaines, que M. de Valence, à défaut d'une récompense plus haute qu'on peut espérer encore lui voir attribuer, trouve ici l'expression de notre reconnaissance.

* * *

Avant de terminer, nous croyons devoir résumer ici en quelques chiffres précis l'action de la Société durant les affaires de Chine. Elle a expédié deux hôpitaux de campagne, tirés de son magasin de Boulogne, de deux cents lits chacun. Elle a entretenu pendant une année un personnel de six médecins, deux pharmaciens, dix infirmiers de la marine, deux infirmiers civils et un nombre variable de Sœurs.

Elle a hospitalisé ensemble, tant sur le *Notre-Dame-de-Salut* que dans son hôpital de Nagasaki, 858 malades ou blessés et fait les frais de 28 688 journées d'hospitalisation.

Elle a expédié, en plusieurs envois, 916 caisses d'une valeur totale de 95 800 francs contenant des objets de pansement, des vêtements chauds, du vin, du lait stérilisé, des objets d'alimentation, des livres, un grand nombre de ces objets provenant de dons généreux.

Nous serions ingrats si nous n'ajoutions pas que partie des dépenses considérables que la Société s'est imposées a été couverte par la Souscription dont elle a pris l'initiative dès le début de la campagne. Cette Souscription a produit 434 000 francs.

Telle a été l'action de la Société. Ceux qui liront ces lignes et surtout les Rapports dont se compose ce volume jugeront si elle a été inférieure à sa tâche.

Au lendemain du jour où l'Académie Suédoise vient d'aller chercher dans la retraite, où il vieillissait, peut-être trop oublié, l'auteur de la Convention de Genève, le vénérable M. Dunant, pour lui décerner un des prix Nobel, et où elle a rappelé ainsi les services rendus par cet homme de bien, il nous a semblé qu'il n'était pas sans intérêt de montrer, par des témoignages précis et autorisés, que la plus ancienne des Sociétés qui se sont fondées en réponse à l'appel de M. Dunant est demeurée à la hauteur des devoirs que lui imposaient les trente-six années de son glorieux passé, et que, dans des circonstances particulièrement difficiles, elle a continué de servir avec efficacité l'Armée, la France et l'Humanité.

M. DE VALENCE DE MINARDIÈRE,
Membre du Conseil central de la Société de Secours aux Blessés militaires,
Délégué général de la Société en Chine.

LA SOCIÉTÉ FRANÇAISE
DE SECOURS AUX BLESSÉS MILITAIRES
EN CHINE

CHAPITRE PREMIER

PRÉPARATION DE L'EXPÉDITION DE LA CROIX-ROUGE EN CHINE
DÉPART DU « NOTRE-DAME-DE-SALUT »

Rapport par M. le docteur A. RIANT, Vice-Président.

Messieurs les membres du Conseil,

Le Conseil extraordinaire du 20 juillet 1900, après examen et discussion des résolutions et des mesures que les événements de Chine imposaient à notre Société, s'est séparé, en remettant à une Commission spéciale le soin de réaliser au mieux, au nom du Conseil, la mission d'assistance que, fidèle à tous ses précédents, notre Œuvre tenait à remplir.

A cet effet, le Conseil « donnait à la Commission de pleins pouvoirs pour le représenter et assurer, dans toute son importance et son efficacité, le rôle de la Société dans le service sanitaire auxiliaire de l'Expédition de Chine ».

Cette Commission était composée de sept membres : MM. Paul Biollay, le comte d'Haussonville, le médecin en chef Le Roy de Méricourt, le médecin principal Lortat-Jacob, l'intendant général de Préval, le docteur A. Riant, le général Voisin. A cette Commission, M. Léon de Gosselin apportait, comme Secrétaire général, son très actif et très dévoué concours.

Du vendredi 20 juillet au mardi 7 août, la Commission a tenu douze séances qui ont été présidées, soit par M. le général duc d'Auerstaëdt, président de la Société, soit par le premier vice-président, M. le docteur Riant, en l'absence de M. le Président.

Une sous-commission, présidée par le docteur Riant, assisté de M. le médecin en chef de la Marine Bonnafy, et de M. le docteur Bousquet, pharmacien, a consacré une séance, le 26 juillet, à ajouter quelques éléments les plus essentiels à la nomenclature de médicaments, instruments de chirurgie, objets de pansements, lingerie, vêtements chauds, conserves alimentaires, proposée par M. le médecin-inspecteur Dieu, directeur du Service de santé au Ministère de la Guerre, afin d'adapter ce matériel à l'organisation hospitalière de l'ambulance de Chine, telle qu'elle a été déterminée en principe par le Conseil, et, dans sa forme, sa mesure ou ses détails, par la Commission spéciale.

Le Conseil avait décidé tout d'abord l'envoi en Chine d'un premier hôpital de campagne de cent lits (matériel et personnel).

En vue de la réalisation, des pouvoirs étaient donnés par le Conseil à MM. Biollay et de Gossellin, et pour faire face aux *premiers* frais de l'expédition, une somme de cent mille francs était votée, en dehors d'un premier crédit précédemment consenti (Conseil du 28 juin).

Mais il s'agissait de donner à notre intervention, comme auxiliaire du Service de santé de la Guerre et de la Marine, toute l'efficacité nécessaire. Une Souscription publique avait été ouverte par la Société, dès le 15 juillet 1900.

I

En abordant le travail qui lui était confié par le Conseil, la Commission spéciale devait tenir le plus grand compte des indications qu'avait bien voulu donner au Conseil, dans sa séance du 20 juillet, M. le médecin-inspecteur Dieu, directeur du Service de santé de la Guerre, recommandant, avec toute son autorité, à notre Société, de ne rien négliger pour seconder efficacement le Service de santé militaire, le nombre des malades devant être considérable, dès le début même de la guerre, dans un pays aussi terrible que la Chine, au point de vue sanitaire, dans un climat toujours très rigoureux de novembre à avril. Là, il ne suffisait plus, comme nous l'avions fait dans toutes les expéditions, postérieures à la guerre de 1870-1871, jusqu'à ce jour, d'envoyer sur le théâtre de la guerre, du matériel, des secours pharmaceutiques, des objets de pansement, des vêtements appropriés, des conserves alimentaires, des douceurs....

Pour faire œuvre réellement utile, notre Société devait envoyer aussi, sur place, et mettre à la disposition du Commandement militaire, un personnel complet comprenant : médecins, chirurgiens, pharmaciens, infirmiers, infirmières, etc..., afin d'aller distribuer elle-même, aux malades et blessés de l'expédition, des soins intelligents et dévoués. Ces soins prendraient une valeur exceptionnelle, étant donnés par des Français, par des Françaises, ayant fait une rude traversée de deux mois pour apporter aux soldats et marins de la France leur précieux concours, leur réconfortante sollicitude, leurs charitables et patriotiques encouragements.

C'était là un point capital sur lequel tous les membres de la Commission étaient d'accord, quels que fussent les moyens matériels à employer pour réaliser notre intention formelle de porter et de donner, nous-mêmes, nos secours sur place : condition qui en centuple la valeur matérielle et morale.

Ainsi, qu'il s'agisse d'un hôpital de campagne ou de plusieurs hôpitaux de campagne à installer sur le lieu du débarquement, ou au voisinage de Takou ; — soit d'un sanatorium sur une terre plus salubre, dans un pays ami, comme le Japon, où nous trouverions des abris, même des établissements hospitaliers ; — soit qu'il s'agisse d'un bateau-ambulance, d'un hôpital flottant, portant avec lui son personnel : médecins, chirurgiens, pharmaciens, aumôniers, infirmiers, Sœurs de charité, en même temps que ses approvisionnements de toute nature pour plusieurs mois, en matériel hospitalier, ressources alimentaires et pharmaceutiques..., dans tous les cas, il est entendu que nous porterons sur place nos secours, nos dévouements, notre science, et cette influence si précieuse de nos médecins et de nos Sœurs de charité pour les blessés et malades qui nous seront confiés par l'autorité militaire. Pour eux, ce sera la France venant panser leurs

Docteur Riant
Vice-Président de la Société française de Secours aux Blessés militaires.

plaies et adoucir leurs maux : le cruel sentiment de l'éloignement sera désormais supprimé par cette douce vision à leur chevet de la famille et de la patrie!

Ce principe, tous les membres de la Commission étaient résolus à le mettre en pratique.

Comment? c'était la seconde question à résoudre.

II

Au moment où la Commission recevait son mandat, on était encore très imparfaitement renseigné sur la gravité, la durée probable des événements. Cependant, ils semblaient plutôt en voie de s'aggraver. En arrivant, trouverions-nous, entre Takou et Pékin, une troupe française de quelque importance, et sur les eaux du golfe de Pei-Tché-Li, des bâtiments de l'escadre pouvant protéger notre mission sanitaire, à son débarquement ou à son installation sur rade?

Dans ces conditions, le plus sage était d'augmenter notre personnel et notre matériel sanitaires en vue de la prolongation possible des hostilités, et, par conséquent, de notre séjour sur le théâtre de nos opérations comme auxiliaires du Service de santé. Nous réservions, jusqu'à plus ample informé, le *lieu* et la *forme* de notre intervention, selon les circonstances prédominantes, quand personnel et matériel arriveraient à destination, c'est-à-dire dans un délai de deux mois environ, — si à la durée de la traversée (une quarantaine de jours) on ajoute, comme il convient, le temps indispensable à la préparation extra-rapide — on sait qu'elle n'a duré que douze jours! — d'un pareil envoi à une telle distance.

Réserver le lieu et la forme de notre assistance n'était pas seulement nécessaire pour les convenances de la Société, c'était indispensable au point de vue de la hiérarchie. Auxiliaires du Service de santé de l'Armée et de la Marine, nous devions nous placer là où l'autorité militaire estimerait nos services les plus utiles, à l'époque de notre arrivée dans le golfe de Pei-Tché-Li.

Ces considérations rendaient secondaire la préférence accordée — de Paris, dès la fin de juillet! — soit à un sanatorium, à un établissement hospitalier, hôpital de campagne ou autre, au Japon; soit à un ou plusieurs hôpitaux de campagne à installer entre Takou et Pékin; soit à la nolisation d'un bateau, destiné, après avoir transporté notre personnel et notre matériel sanitaires en Chine, à être transformé en *hôpital-flottant*, prêt à recevoir et à traiter plusieurs centaines de blessés et de malades, hors de la zone des influences épidémiques, telluriques ou de voisinage.

Une heureuse combinaison de deux ou trois de ces moyens ne répondrait-elle pas mieux encore aux conditions qui pourraient se produire ultérieurement?

Mais il fallait agir vite, très vite — le premier bateau affrété par l'État, par la Marine, pour le transport des troupes à destination de Chine, et sur lequel nous pouvions espérer obtenir de faire admettre le passage de notre personnel et le transport de notre encombrant matériel, devait partir dans les premiers jours d'août. — Nous étions au 20 juillet!

Il fallait, tout en allant vite, ne pas prendre un parti absolu, ne pas engager l'avenir, mais conserver le choix de nos moyens de réalisation, selon les circonstances, selon les indications du Commandement militaire, mieux informé de ses besoins que nous; c'est à lui qu'il appartient de déterminer, pour le mieux du service sanitaire, les conditions les plus favorables pour notre assistance.

Tel était l'objectif des travaux de la Commission. A-t-elle réussi à l'atteindre? Le Conseil, ces explications données, va pouvoir en juger.

III

La lecture de la note si complète et si concluante relative aux services rendus par les *bateaux-ambulances* dans les guerres coloniales, note dont M. le Général duc d'Auerstaëdt m'avait chargé de donner lecture à la Commission, dans sa séance du 30 juillet, l'expression de félicitations et de vive gratitude que, dans leurs deux lettres, lues par moi dans la même séance, MM. les Amiraux Bienaimé et Pottier adressaient à notre Président et à notre Société, pour le service que celle-ci allait rendre à la marine et aux troupes envoyées en Chine par le Gouvernement français : tout

Départ de Marseille
du *Notre-Dame-de-Salut*, bateau-ambulance de la Société en Chine.

nous prouvait qu'en envoyant un bateau-ambulance avec son personnel médical et infirmier, ses approvisionnements de toute nature pour trois ou quatre mois, et son matériel d'installation de plusieurs centaines de lits à bord, nous agissions en pleine conformité de sentiment avec notre éminent Président, d'abord, et aussi avec MM. les Amiraux ayant la responsabilité de l'expédition et de la vie de tant de soldats français ; nous étions dans la bonne voie : de si hautes appréciations nous l'affirmaient : il n'y avait plus à hésiter[1].

S'il avait été besoin d'un nouveau témoignage, M. l'amiral Charles Duperré n'est-il pas venu le donner à la Commission, lorsque, le 4 août, il nous faisait l'honneur d'assister à notre séance, pour nous fournir les très précieux renseignements dus à son expérience du pays et des localités où nous allions porter nos secours, lorsqu'il venait, lui aussi, avec sa compétence spéciale, féliciter vivement notre Société et la Commission de cette belle et féconde initiative. Cet avis, il l'avait vu partagé par

---

1. On trouvera le texte des deux lettres, ci-dessus visées, de MM. les Amiraux Bienaimé et Pottier, au chapitre VI de ce volume, pages 123 et 124.

tous : « notre entreprise était chaudement approuvée par de nombreux officiers de terre et de mer; elle devait, selon lui, faire tant d'honneur à notre Œuvre ! »

La Commission, amplement renseignée, pouvait donc prier M. le Président de demander à M. le Ministre de la Marine, l'embarquement et le transport gratuit du personnel et du matériel de deux hôpitaux de campagne de la Société, de 200 lits chacun, sur le *Notre-Dame-de-Salut* partant de Marseille à destination de Takou, dans les premiers jours d'août.

Personnel et matériel installés à bord pourront se dédoubler, se fragmenter, en vue d'organiser à terre, suivant les besoins signalés par le Commandement, un ou deux hôpitaux de campagne, soit de fournir les services nécessaires à un sanatorium, enfin, d'assurer la réception et le traitement à bord du *Notre-Dame-de-Salut* de plusieurs centaines de blessés et de malades, lorsque, arrivé à Takou, le débarquement des troupes opéré, ce navire aura été soumis à une complète désinfection, et pourvu dans toutes ses cabines d'un chauffage par la vapeur.

On le voit, le *sanatorium* qui avait été la première pensée de notre Président, restait toujours une de nos préoccupations. Ne serait-il pas un des éléments indispensables qu'allait nous imposer notre service médical, au lendemain même de notre arrivée ?

De l'hôpital de campagne ou de l'hôpital flottant dans lequel malades et blessés auront été reçus, soignés, pendant la période de traitement, où les dirigerons-nous quand sera venue la période de convalescence ? Si on pouvait soustraire les malades aux influences du sol et des conditions locales qui ont causé la maladie, on augmenterait singulièrement les chances de guérir et de guérir vite. Un sanatorium, un dépôt de convalescents, en pays salubre, voilà ce qu'il faudrait réaliser. Or, le 27 août, une lettre de M. le Ministre de la Marine informait M. le Président, d'après les renseignements fournis par notre Ministre au Japon, qu'il existait à Nagasaki deux établissements religieux français pouvant recevoir près de 400 lits. Au nom de M. le Président du Conseil central, je remerciai M. le Ministre de cette précieuse information, en rappelant toutes les ressources en personnel et en matériel que le *Notre-Dame-de-Salut* avait à bord. Ces ressources, notre Délégué, dès son arrivée à Takou, les ferait connaître à M. l'Amiral, qui nous indiquerait le point où il jugerait alors le plus avantageux de les utiliser, dans l'intérêt des malades et des blessés confiés à nos soins.

IV

Le Conseil me permettra d'être très bref sur les détails, maintenant qu'il est — je l'espère — bien renseigné sur les grandes lignes de l'organisation que pouvait comporter notre fonctionnement.

Et d'abord, à la tête de tous nos services, — l'autorité médicale restant entière, avec toute la plénitude de son autonomie, quant au service sanitaire soit à bord, soit dans les établissements hospitaliers de la Société en

Chine, ou au Japon, s'il y avait lieu, — il fallait une autorité d'ordre administratif et moral, groupant, dominant tout cet ensemble, une direction unique représentant le Conseil central, une autorité émanant de lui, ayant ses pouvoirs, sans cesse en rapport avec lui, une autorité officiellement reconnue par le Commandement militaire, en un mot, une Direction autorisée.

La Commission a eu la bonne fortune de trouver en M. de Valence, l'homme de bien, l'apôtre de charité et de dévouement patriotique qu'il fallait pour remplir un mandat exigeant autant d'expérience et de bienveillance, que d'initiative et d'énergie.

Être placé à la tête d'un personnel dans lequel figure un double élément civil et militaire, être dans l'impossibilité de communiquer avec

Le personnel de la Société
à bord du *Notre-Dame-de-Salut*, au moment du départ de Marseille.

le Siège central, même par câble, sans d'interminables délais, que de difficultés pour notre Délégué !

Les qualités éminentes que nous a présentées M. de Valence nous permettent d'espérer les meilleurs résultats. C'est avec une entière confiance que nous l'attendons à l'œuvre. Le Conseil l'a investi, comme Délégué général, des pouvoirs administratifs nécessaires; d'autre part, M. le Président a obtenu de M. le Ministre de la Marine que M. de Valence fût accrédité comme Délégué de la Société auprès de M. l'Amiral Pottier, commandant en chef l'Escadre de l'Extrême-Orient, et auprès de M. le Général Voyron, commandant en chef le Corps expéditionnaire.

M. de Valence devait emmener, pour l'assister au cours de cette campagne, deux délégués : M. le vicomte de Nantois et M. le baron Robert Baude.

J'ai dit que le personnel de notre ambulance avait été composé d'éléments appartenant à la Marine et d'éléments civils.

En effet, à la demande de M. le Général Président, M. le Ministre de la Marine avait bien voulu nous accorder trois médecins très distingués de la Marine, et une dizaine d'infirmiers parfaitement au courant du service d'embarquement et de débarquement, ainsi que des soins à donner à bord aux malades et blessés. Il y a là des difficultés spéciales, un apprentissage indispensable. Avec des médecins de haut grade, des infirmiers de la Marine, c'était à la fois la science, la discipline et un bon service assurés à bord!

D'autre part, la Commission avait engagé trois médecins ou chirurgiens civils. C'étaient : un docteur en médecine, ancien médecin militaire qui avait fait plusieurs campagnes dans les colonies, et deux internes des hôpitaux de Paris, des plus recommandables à tous les points de vue.

En outre, deux infirmiers habitués de longue main à les assister dans leurs opérations et pansements, soit à l'hôpital, soit en ville, devaient rejoindre leurs chefs à Takou.

Un pharmacien, pourvu de toutes ses inscriptions en vue du doctorat en médecine, assisté d'un aide-pharmacien, assurera le service pharmaceutique et l'hygiène de nos ambulances.

Que le Commandement nous confie des blessés, des malades, soit à bord, soit à terre, voici la liste du personnel prêt à fournir les chefs de service expérimentés, les aides nécessaires, et à donner ses soins partout où il sera appelé :

Médecins de la Marine : M. le médecin principal de la Marine Laffont, médecin en chef. — M. le médecin de 1re classe de la Marine Labadens; M. le médecin de 2e classe de la Marine Lafaurie, avec, sous leurs ordres, 10 *infirmiers de la Marine* : 2 seconds-maîtres, 4 quartiers-maîtres et 4 matelots.

Médecins civils : M. le docteur Herr. — M. Le Roy des Barres et M. Assicot (internes des hôpitaux).

Pharmacien : M. Tissier. — *Aide-pharmacien* : M. Venture.

Sœurs-infirmières : 20 Sœurs de charité de Saint-Vincent-de-Paul.

Infirmiers-civils : MM. Francis Dansaert, Brégère et Sonilhac.

Aumôniers : Mgr Ferrant. M. l'abbé Yves Hamon.

V

En fixant le taux du traitement de son personnel médical civil, la Commission avait le devoir de tenir compte de la distance énorme à laquelle elle l'envoyait, de la durée de la campagne et, d'autre part, de deux conditions que la prudence lui imposait, conduite que le Conseil ne manquera pas d'apprécier.

Une sage administration doit chercher à éviter les aléas, les conséquences imprévues, les responsabilités sans limite.

Ayant assuré un traitement honorable et large à ses médecins, la Commission pouvait se montrer prudente sans risquer de paraître injuste.

Prudente, la Commission l'a été dans la rédaction de la formule d'engagement qu'elle a fait souscrire à son personnel civil. Vis-à-vis de ses médecins, de ses infirmiers, la Société ne prend, elle, aucun engagement pour la durée de la campagne, elle gardera le personnel le temps qu'elle jugera utile ; elle le licenciera, si les circonstances ou si l'état de ses ressources lui en font un devoir. Son Délégué général, M. de Valence, est investi des pouvoirs nécessaires — la formule d'engagement en avertit le personnel — pour faire sur place ce qu'il jugera bon dans l'intérêt de la Société et du service.

La lecture de la formule en question, étudiée avec soin par notre collègue du Conseil, M. Sabatier, avocat au Conseil d'État, vous montre, Messieurs, que la Commission a prévu un autre ordre d'éventualités, et que, comme c'était son devoir, elle a sagement pris les intérêts de la Société, en déclinant toute responsabilité vis-à-vis du personnel engagé, en cas d'accidents, blessures, etc. — *C'est à leurs risques et périls* que nos collaborateurs se sont engagés, et je le dis, à leur honneur, il n'a été soulevé à ce sujet, ni observation, ni réclamation, ni réserve.

FORMULE D'ENGAGEMENT DU PERSONNEL CIVIL DE LA SOCIÉTÉ
DANS L'AMBULANCE DE CHINE.

Je soussigné, accepte de faire partie du corps expéditionnaire ambulancier de la Société française de Secours aux Blessés militaires partant en Chine, et m'engage, **volontairement à mes risques et périls,** *à suivre cette ambulance en qualité de_____partout où le sort de la guerre la conduira, suivant les indications de M. de Valence, Délégué général de la Société en Chine.*

Fait à Paris, ce_____1900.

VI

M. de Valence s'est embarqué le 10 août à bord du *Notre-Dame-de-Salut* avec tout le personnel de notre ambulance de Chine. Il était assisté de M. le vicomte de Nantois. M. le baron Robert Baude, chargé d'accompagner de nouveaux envois de matériel, devait partir pour Takou par le plus prochain paquebot. M. Léon de Gossellin, qui avait tenu à se rendre à Marseille, pour porter à notre personnel nos encouragements et nos vœux, est resté à bord jusqu'au moment solennel du départ.

Des dépêches envoyées par M. de Valence de tous les ports d'escale, pendant la traversée de Marseille à Takou, nous ont tenus au courant de tous les faits intéressants de ce voyage, accompli sans aucun accident. Nous n'attendions plus que la liste des blessés et des malades de l'armée, soignés par notre personnel sur le *Notre-Dame-de-Salut*, ou dans les hôpitaux de campagne installés par notre Délégué général sur le territoire de la Chine ou du Japon.

D'après le dernier télégramme reçu, le *Notre-Dame-de-Salut* fut d'abord désigné par M. l'amiral Pottier, pour être envoyé de Takou à Chan-Haï-Kouan, et remplacer la *Nive*, bateau-hôpital de la Marine. Là, il peut presque aborder à quai, et recueillir facilement les blessés et les malades du Corps expéditionnaire. Un certain nombre de ceux-ci étaient déjà hospitalisés dans notre hôpital-flottant, à la date du 25 octobre.

VII

Plusieurs Dames, membres de la Société, ayant récemment obtenu le diplôme d'infirmières à notre Dispensaire de Plaisance, ont sollicité la faveur d'être autorisées à partir, sur le *Notre-Dame-de-Salut*, pour soigner nos blessés et nos malades de l'expédition.

Pour nous, médecin en chef du Dispensaire, c'eût été la réalisation de nos espérances, c'eût été la récompense, si justement méritée, des efforts de nos médecins et de tout le personnel si dévoué du Dispensaire.

Et puis, il y avait dans ces demandes un tel accent de patriotisme, un tel élan de charité, un dévouement si spontané, si absolu !

Dès le 19 juillet, — le projet d'une ambulance à envoyer en Chine

Sur les quais de la Joliette
au moment du départ du *Notre-Dame-de-Salut*.

datait de la veille ! — c'étaient de la part de nos vaillantes Dames infirmières, des offres de faire elles-mêmes les frais de leur voyage, l'acceptation d'avance de toutes les conditions que la Société jugerait utile d'imposer à ses infirmières ; c'étaient des lettres dans lesquelles on ne sait ce qu'il faut admirer davantage, de la bravoure dont elles témoignent, ou de la modestie qu'elles dénotent. Ne lit-on pas dans l'une d'elles : « Dans le cas où la Société ne déléguerait officiellement que des Sœurs de charité, au service de ses ambulances de Chine, je m'estimerais très honorée d'une tolérance qui me permettrait d'être leur humble auxiliaire, leur petite servante ! »

Profondément touchée, et reconnaissante de ces offres, et des termes dans lesquels elles étaient faites, la Commission n'a pu, à son très grand regret, accepter ces propositions, au moins pour le premier départ. L'heure n'était pas encore venue de pouvoir prendre la responsabilité d'envoyer des Dames du monde dans des conditions si mal définies, dans un pays en pleine révolte, n'ayant aucun respect pour la Croix-Rouge, au milieu des massacres, alors que la protection de nos troupes et de l'escadre n'était pas encore suffisamment assurée !

Réservant l'avenir, la Commission s'est immédiatement assuré le concours de vingt Sœurs de Saint-Vincent-de-Paul, à prendre et à Paris à la Maison-mère, et à Chang-Haï, afin d'être certaine d'avoir non seulement d'excellentes infirmières, mais des infirmières déjà acclimatées, des infirmières parlant la langue et connaissant les habitudes du pays.

Tout s'est passé comme Mme la Supérieure des Sœurs de Saint-Vincent-de-Paul l'avait promis à notre collègue de la Commission, M. le général Voisin, et nous avons appris, par une dépêche de notre Délégué général, M. de Valence, que les bonnes Sœurs ont vaillamment supporté la traver-

Les Sœurs de charité partant pour la Chine.

sée, en commençant, sur le navire même, au passage si terrible de la mer Rouge, et pendant le cyclone traditionnel à l'entrée de l'Océan Indien, leur rôle d'infirmières et leurs soins si appréciés.

Le service de MM. les Aumôniers a été également assuré dans les meilleures conditions ; il est fait par Mgr Ferrant et M. l'abbé Yves Hamon.

VIII

Quant au matériel, je n'ai besoin, après l'exposé fait plus haut, que de quelques chiffres, pour en montrer l'importance. De la variété des catégories, il suffit de dire qu'elle correspond aux différents services prévus. Nous avons embarqué, à Marseille, à destination de Takou :

1° Le 10 août, sur le *Notre-Dame-de-Salut*, 648 caisses de matériel de toutes catégories, sorti de notre dépôt de Boulogne, ou acquis pour le service de notre ambulance de Chine : lingerie, matériel de chirurgie, de pansements, de pharmacie, d'hospitalisation, d'alimentation, vêtements chauds, etc...., du poids de 46 595 kilos et d'une valeur de 74 808 francs;

2º Le 25 septembre, sur le *Gallia*, pour la même destination, et sous la responsabilité de M. le baron Robert Baude, qui a bien voulu accompagner cet envoi, 268 caisses de matériel formant le ravitaillement nécessaire aux premiers mois de séjour du *Notre-Dame-de-Salut*, matériel du poids de 15 930 kilos d'une valeur de 21 000 francs.

Au total : 916 caisses, pesant 62 526 kilos, et d'une valeur de 95 800 francs[1].

La caractéristique de cette expédition a été, pour notre Société, la hâte avec laquelle il a fallu tout organiser. Avoir réussi à l'heure voulue, en quelques jours, avec une telle ponctualité que pas une personne n'a manqué à l'appel, que pas un colis n'est resté en souffrance, qu'il n'y a eu ni retard, ni oubli, ni erreur, ce n'est peut-être pas une expérience sans valeur pour une Œuvre appelée à se mobiliser sur l'heure, à un jour donné, imprévu !

Si je le constate, ce n'est pas pour nous en glorifier, c'est pour remercier tous ceux dont le concours nous a rendu possible un tel effort, un service aussi compliqué que celui dont était chargé notre Secrétaire général, service dans lequel il a montré tant d'activité, d'ordre et d'énergie, chacun le sait.

Mais je tiens à adresser, au nom de la Commission, notre bien vive gratitude aux Compagnies des chemins de fer de Lyon, de l'Est, à la Direction des chemins de fer de Ceinture, à celle des Messageries maritimes, auprès desquelles nous avons rencontré, — pour le transport sans retard de notre matériel, malgré des difficultés sans nombre, compliquées par les grèves de Marseille — la plus parfaite obligeance, le plus patriotique dévouement.

IX

Du personnel et du matériel ainsi transportés, la première et la plus importante partie est arrivée à Takou le 29 septembre 1900. La dépêche qui nous en a informés, nous apprend que M. l'amiral Pottier, venu à bord, a prié notre Délégué de transmettre ses remerciements à la Société.

Aussitôt le débarquement des troupes et des chevaux, le navire a été nettoyé, désinfecté avec le plus grand soin, pour être ensuite mis à la disposition de M. le délégué de la Société, de M. le médecin en chef, et recevoir le matériel destiné à l'installation de l'hôpital flottant.

Les travaux d'appropriation, de désinfection et d'installation ont été faits conformément au traité ou charte-partie intervenu entre la Société et l'armateur du *Notre-Dame-de-Salut*, aux conditions fixées dans ce traité.

Là encore, la Commission a dû apporter le plus grand soin en vue de garantir la Société contre toute chance d'accident, d'erreur ou d'oubli. Un minutieux classement de toutes les catégories de matériel en rendait la recherche facile, comme il en avait aidé l'arrimage.

1. *Dès le début de la campagne de Chine, la Société avait successivement expédié à Toulon deux envois qui furent embarqués sur le* **Vinh-Long** *et sur le* **Tigre**. *Ces envois formaient ensemble 47 caisses de réconfortants et de médicaments pour une valeur de 2225 francs.*

Mais il ne nous suffisait pas d'être assurés d'avoir pris la meilleure voie, au point de vue technique ; il fallait encore ne pas oublier que la Commission augmentait ses risques en affrétant un navire exposé aux chances de mer et de guerre, aux avaries possibles ; elle devait se préoccuper des responsabilités que ces chances pouvaient entraîner pour l'affréteur, c'est-à-dire pour la Société que représentait la Commission.

Aussi, ce ne fut qu'après une consciencieuse enquête faite par plusieurs de ses membres auprès de personnes possédant une compétence spéciale, et auprès des représentants les plus autorisés, en la matière, au Ministère de la Marine, que le texte de la charte-partie fixant les droits et les obligations de l'armateur et de la Société de secours fut discuté, amendé, arrêté, et finalement signé le 5 août 1900 par M. le général duc d'Auerstaëdt, président de la Société, après avoir de son côté, lui aussi, examiné, consulté, et s'être convaincu qu'il n'était pas possible d'obtenir des conditions plus avantageuses, des garanties plus complètes.

X

Il ne m'appartient pas de traiter ici, même sommairement, les questions d'ordre financier sur lesquelles le Conseil sera renseigné par mes collègues beaucoup plus compétents que moi en cette matière, M. le Secrétaire général et M. le Directeur des services financiers du Conseil.

Vous me permettrez au moins de vous dire, en finissant, un mot, un seul, de notre Souscription.

Les dépenses que devait entraîner une telle préparation et le fonctionnement de nos services ne permettaient à la Commission de rien négliger de ce qui pouvait contribuer au succès de la souscription ouverte le 15 juillet.

Elle a donc agi comme une Commission permanente, en l'absence du Conseil. C'est à ce titre qu'elle a fait parvenir aux Archevêques et Évêques une lettre en vue d'obtenir, dans tous les diocèses, des quêtes au bénéfice de l'*Ambulance de Chine*, organisée par notre Société.

Elle a décidé d'adresser un appel aux Banques, Compagnies d'assurances, Chemins de fer, Cercles, Hôtels, aux Représentants du haut commerce ; de même elle a demandé aux Établissements de crédit et à leurs agences dans Paris l'affichage, à l'intérieur de leurs bureaux, de l'avis de cette souscription.

Elle doit une reconnaissance toute spéciale à M. le comte d'Haussonville pour le dévouement avec lequel il a multiplié, tant en province qu'à Paris, les appels en faveur de notre souscription. Son nom nous a valu de très nombreuses, très hautes et très efficaces sympathies, son talent et sa conviction communicative nous ont ouvert bien des cœurs et bien des bourses.

C'est grâce à cet inestimable concours, c'est grâce à l'appui que la Presse a si cordialement, et si généreusement donné à notre patriotique initiative, que du 15 juillet au 15 octobre, en pleine période de vacances, notre Souscription a dépassé 560 000 francs !

Quel admirable élan s'est produit de toutes parts, autour de nous, au sujet de la souscription ! Quelles généreuses contributions nous pourrions déjà citer de la part de nos Comités de province, petits ou grands, anciens ou nouveaux !

Quelle belle page pour le Rapport général, quand il pourra donner le chiffre total des souscriptions envoyées au nom des diocèses de France, par les Archevêques et Évêques, suivant en cela l'admirable et entraînant

Les premiers blessés hospitalisés sur le *Notre-Dame-de-Salut*.

exemple du Cardinal Archevêque de Paris et du diocèse dont il est le Chef vénéré !

Comme les diocèses, les Conseils généraux ont voulu concourir au succès d'une œuvre si éminemment patriotique ! Avec quel ensemble et quelle sympathie ils nous ont adressé leurs subsides !

Enfin, dans cet admirable mouvement pour approuver, pour aider notre initiative, à côté des collectivités, je tiens à citer la très appréciée participation des personnes, depuis le généreux souscripteur qui a ouvert la série par un magnifique don de 50 000 francs, jusqu'au plus modeste concours, presque toujours accompagné d'une expression de touchante sympathie, qui en centuple la valeur.

Ah ! Messieurs, vous aviez parfois rencontré comme moi, des esprits chagrins qui ne croyaient plus jamais revoir les entraînements charitables qui avaient fait l'honneur et la force de notre Société, pendant la guerre de 1870-1871.

Eh bien ! c'était une erreur : la démonstration est faite, dans la mesure où elle pouvait l'être, par les événements actuels. L'Œuvre de la Croix-Rouge est toujours, elle est plus que jamais, depuis le service obligatoire, l'œuvre aimée, l'œuvre bénie de toutes les mères, elle est l'œuvre chère aux cœurs patriotiques et charitables. En France, vous le voyez bien en lisant nos listes, ces cœurs-là sont et seront toujours légion !

Nous, membres de la Commission, qui avons dû fiévreusement organiser en quelques jours la préparation et le départ de l'ambulance et des hôpitaux de campagne de la Société pour la Chine, au milieu de bien des difficultés, au risque de bien des imperfections, conditions dont le Conseil

Canot à voiles amenant des Blessés en rade de Takou
à bord du *Notre-Dame-de-Salut*.

voudra bien tenir compte en appréciant les actes de la Commission rappelés dans ce rapport, nous savons quel réconfort nous avons trouvé dans les admirables encouragements que nous donnait, chaque jour, le chiffre toujours grossissant de la Souscription ouverte par notre Œuvre.

Ces précieux encouragements continueront — j'en ai la ferme assurance — à soutenir les persévérants efforts du Conseil pour compléter sa tâche et permettre à la Société de remplir, dans toute son ampleur, son rôle d'auxiliaire du Service de santé.

A tous nos Souscripteurs et Bienfaiteurs, merci !

Je veux encore, au nom de la Commission et du Conseil, adresser de bien vifs remerciements à nos *Donateurs d'objets en nature*. Ceux-ci ont pensé qu'ils avaient chez eux, autour d'eux, sous la main, — oubliés là, inutilisés, — des objets qui nous seraient si précieux, soit pendant la traversée, soit à notre arrivée dans l'Extrême-Orient. Ceux-là se sont ingéniés — combien j'en pourrais citer ! — à prévoir, à se procurer, à nous adresser ces aliments, ces réconfortants, ces denrées, ces moyens d'hospitalisation, cette série de lits avec leurs literie, par exemple, ces provisions de vêtements chauds, ces collections de lectures récréatives ou de nature à relever cœurs et courages, ces ressources qu'il nous sera difficile ou impossible de nous procurer à ces confins de la civilisation où nous allons rester, combien de mois ? — et en débutant par la saison rigoureuse !

Il ne me suffit pas de dire que la valeur de ces dons dépasse 58 000 francs, si éloquent que soit ce chiffre !

Je note, et vous l'appréciez hautement, Messieurs, cette idée, cette prévoyance généreuse, cette recherche de l'adaptation des objets donnés aux besoins spéciaux de notre ambulance, soit en cours de route, soit aujourd'hui en rade de Takou, soit demain, peut-être, en face de Chan-Haï-Kouan. Voilà ce qui donne à l'envoi de cet objet introuvable-là, à cet objet inespéré, à ce *manquant*, une valeur inestimable. C'est là ce dont nous sommes, nous ici, profondément touchés ; mais pour notre personnel, pour les blessés et malades de nos formations sanitaires, que sera-ce le jour où, là-bas, sur les rivages inhospitaliers du golfe de Pei-Tché-Li, dans ce climat si rude, sur un sol si fertile en maladies, nos représentants, nos délégués, nos chirurgiens, nos médecins, nos Sœurs infirmières, vont pouvoir — grâce à nos donateurs — apporter à ceux qu'ils soignent un bien-être, une joie, une heure de calme, d'espérance, et, bien souvent, la guérison !

La Commission tient à inscrire ici le témoignage de sa gratitude pour la très importante collaboration qu'elle a reçue, au cours de ses travaux, de M. le médecin-inspecteur Dieu, directeur du Service de santé au Ministère de la guerre, et de M. le médecin en chef de la Marine Bonnafy. Elle sait tout ce qu'elle doit au très bienveillant concours de M. le Ministre de la Marine, grâce auquel notre personnel et notre matériel ont été transportés gratuitement de Marseille à Takou, sur le *Notre-Dame-de-Salut*. Depuis le 18 octobre, ce navire est affrété par la Société, comme *bateau-ambulance*.

Il y a quelques années — c'était au cours de la guerre Sino-Japonaise (1894-1895) — une Escadre française croisait dans les eaux du golfe de Pei-Tché-Li. La rigueur du climat, de cruelles privations avaient fait de nombreux malades dans les rangs des soldats et des marins ; ils furent dirigés sur l'hôpital français de Tien-Tsin. Là, des Sœurs de Saint-Vincent-de-Paul leur prodiguaient les meilleurs soins, ranimant forces et courages, distribuant à nos soldats des dons, lainages, effets, réconfortants que la *Société française de Secours aux Blessés militaires* avait adressés pour eux à Madame la Supérieure.

Aujourd'hui, nous voyons à nouveau notre Escadre croiser dans le golfe de Pei-Tché-Li. Mais cette fois, non loin des navires de guerre français et du pavillon de M. l'Amiral Pottier, flotte un bateau-hôpital, arborant, à côté du drapeau tricolore, la Croix-Rouge sur fond blanc. C'est le *Notre-Dame-de-Salut*; il porte le personnel de la *Société française de Secours aux Blessés militaires*, son personnel médical, ses infirmiers, ses sœurs de charité, ses approvisionnements, ses deux cents lits à bord, ses hôpitaux de campagne prêts à être débarqués, s'ils ne le sont déjà !...

Ce progrès, Messieurs les membres du Conseil, c'est votre confiance qui nous a permis de le réaliser !

Messieurs, au moment où je termine le compte rendu de cette première

La rade de Nagasaki (Japon).

phase de nos travaux, votre pensée, comme la mienne, se porte vers celui qui a été l'initiateur, l'âme de cette manifestation de la vitalité de notre OEuvre, vers notre éminent Président. M. le Général duc d'Auerstaëdt, Grand Chancelier de la Légion d'honneur, dont la haute autorité, le nom si honoré, le dévouement si connu pour l'armée, ont bien largement contribué au succès de notre souscription et de nos efforts.

Pour moi, qui lui dois une particulière gratitude pour la confiance dont il a bien voulu m'honorer, en m'appelant à le suppléer, lorsque les hauts intérêts dont il a la charge le tenaient éloigné, malgré lui, de nos séances, je suis assuré d'être l'interprète des sentiments de tous mes collègues de la Commission et du Conseil, en lui exprimant notre bien vive, bien profonde et très respectueuse reconnaissance.

XI

Et maintenant, il ne nous reste plus, Messieurs les membres du Conseil, qu'à vous remettre les pouvoirs que vous nous aviez confiés dans la séance du 20 juillet dernier, jusqu'à la rentrée réglementaire du Conseil en octobre.

Nous espérons, mes collègues et moi, que vous ne trouverez rien dans notre administration qui ne justifie la confiance dont vous nous aviez honorés, et qu'en conséquence vous voudrez bien approuver les actes de la Commission.

20 octobre 1900.   Signé : « D' A. Riant. »

« *Le Conseil, dans la même séance, déclare approuver tous les actes et faits consignés dans ce rapport, il remercie la Commission d'avoir si bien interprété ses intentions. Il remercie tout spécialement le Rapporteur pour le travail si complet et si intéressant qu'il vient de lui soumettre.*

« *Le Conseil, sur la proposition du Bureau, vote la prorogation des pouvoirs de la Commission spéciale de Chine, qui devra lui rendre compte de ses actes à chacune de ses séances mensuelles.* »

CHAPITRE II

TRANSFORMATION D'UN AFFRÉTÉ EN BATEAU-HOPITAL
L'HOSPITALISATION A BORD
INSTALLATION D'UN HOPITAL A NAGASAKI.

Rapport par M. le Dr LAFFONT, médecin principal de la Marine.
médecin-chef des formations sanitaires
de la Croix-Rouge française en Chine.

Le Médecin principal de la Marine Laffont,

A Monsieur le Général Davout duc d'Auerstaëdt, Grand Chancelier de la Légion d'Honneur, Président de la Société française de Secours aux Blessés militaires des Armées de terre et de mer.

Mon Général,

Avant de vous rendre compte, à un point de vue purement médical, du fonctionnement des formations sanitaires de la Croix-Rouge en Chine, permettez-moi de rappeler en quelques lignes les circonstances qui ont motivé le départ de ces formations.

Lorsqu'en juin 1900, l'insurrection chinoise, gagnant de proche en proche, mit en péril les intérêts européens, quand les Boxers encouragés par l'attitude de la cour osèrent bombarder nos légations, massacrer nos missionnaires, et entraver la marche des troupes de débarquement, les nations civilisées résolurent d'intervenir et d'expédier en Chine des renforts assez nombreux pour briser toute résistance et rétablir l'ordre à tout prix.

Toujours chevaleresque, la France ne pouvait rester en arrière dans cette voie et, bien que ses intérêts commerciaux fussent minimes, bien que ne recherchant aucun accroissement de territoire, elle répondit à l'insulte faite à son pavillon par l'envoi d'une division de 15000 hommes, et de navires assez nombreux pour constituer, sous le commandement de l'Amiral Pottier, une escadre de premier ordre.

De son côté le Département de la Marine, chargé du soin de cette expédition et désireux de mettre à profit les enseignements du passé, veillait avec une sollicitude extrême à l'organisation du service de santé et dotait le Corps expéditionnaire d'un personnel et d'un matériel plus que suffisants pour parer à toutes les éventualités.

Mais en matière d'expédition coloniale, il faut toujours compter avec l'imprévu ; le chiffre des malades dépasse souvent les hypothèses les plus pessimistes, les vivres indispensables, le vin, le lait, les médicaments même peuvent faire défaut, et à mesure que se poursuit la marche en avant, les médecins quel que soit leur nombre s'égrènent peu à peu sur la ligne d'étapes, les convois de rapatriement sont plus rares, plus mal approvisionnés, et les malades meurent, alors qu'il eût suffi parfois de quelques grammes de quinine ou de quelques boîtes de lait pour les sauver.

Cet état de choses, si angoissant pour le personnel médical qui se voit désarmé devant la maladie, ne doit en général être imputé qu'aux circonstances ; le Ministre qui organise la campagne, le Commandement qui dirige les opérations, le Service de santé qui le seconde et dépense sans marchander son énergie et son dévouement, tout est à la merci des événements qui déjouent les calculs les mieux combinés.

Tantôt c'est le climat qui exerce son action néfaste sur la presque totalité des effectifs, tantôt ce sont les ressources locales qui font défaut, tantôt les moyens de transport qui manquent par ce fait qu'une épizootie soudaine a frappé chevaux et mulets.

Ces malheurs n'ont qu'une importance secondaire quand le théâtre des opérations militaires est peu éloigné de la mère-patrie, mais ils peuvent amener de véritables désastres dans les expéditions à longue distance, et le temps perdu à attendre de nouveaux approvisionnements ou de nouveaux renforts peut compromettre à tout jamais le succès d'une campagne.

Dans toutes les expéditions coloniales auxquelles j'ai eu l'honneur de prendre part, au Tonkin comme au Cambodge, sur les rives du Niger aussi bien qu'à Madagascar, partout j'ai vu se renouveler les mêmes fautes ; partout j'ai constaté à un moment donné l'insuffisance numérique du personnel, la pénurie des médicaments et des vivres, les défectuosités du matériel d'hospitalisation et des moyens de rapatriement.

Certes, dans l'organisation de cette campagne de Chine, la Marine a tout combiné pour éviter pareils mécomptes. Le Général commandant en chef, avec sa longue expérience des guerres coloniales, a su s'entourer d'une phalange médicale aussi remarquable par la valeur que par le nombre, mais en juillet dernier, au moment où partaient les premiers renforts, le champ restait ouvert à toutes les inquiétudes : le Corps expéditionnaire marchait vers l'inconnu et le chiffre élevé de nos pertes lors des premiers engagements, le nombre et l'armement perfectionné des rebelles, l'insalubrité du climat et les rigueurs de la température en hiver, tout faisait présager une campagne sérieuse et très meurtrière.

Dans ces conditions, les Sociétés d'assistance avaient le droit et le devoir d'entrer en ligne ; l'occasion s'offrait à elles bien tentante d'affirmer leur existence, d'utiliser au profit de nos troupes les ressources dont elles disposent et ce devoir, chacune d'elles l'a rempli dans la mesure de ses moyens d'action.

Avec cette générosité dont elles ont donné tant de preuves depuis leur fondation, l'*Union des Femmes de France* et l'*Association des Dames Françaises* ont mis à la disposition du Commandement les petites douceurs qu'elles ont coutume de prodiguer en pareil cas. Mais la *Société française de Secours aux Blessés militaires* n'a pas cru devoir borner son intervention à des envois du même genre ; pour la première fois depuis 1870 elle a voulu jouer sur le théâtre de la guerre un rôle plus efficace, seconder les efforts du Service de santé, et remplir dans toute leur intégrité, à quatre mille lieues de France les attributions qui lui sont assignées par le décret du 19 octobre 1892.

Préparatifs de départ.

L'idée, excellente en soi, était d'exécution difficile ; la Société ne possède en effet dans ses réserves qu'un matériel de mobilisation très pratique

DOCTEUR LAFFONT
Médecin principal de la Marine, Médecin-chef des formations sanitaires
de la Croix-Rouge française, en Chine et au Japon.

pour l'Europe, mais qui ne peut être utilisé dans les campagnes d'outre-mer qu'à la condition d'être modifié et complété. D'autre part, aux termes du décret précité, l'action des sociétés d'assistance ne peut s'exercer que dans la zone de l'arrière ; or il était à craindre qu'en Chine cette zone ne fût représentée par la plaine marécageuse qui sépare Tien-Tsin du littoral, plaine qui ne se prête en aucune façon à l'établissement d'une formation sanitaire.

Enfin la Société s'étant donné pour mission de secourir les marins de l'Escadre au même titre que leurs camarades des Corps de troupes, elle devait, pour assurer ce double service, prendre des mesures particulières, et c'est alors qu'elle eut l'idée de l'hôpital flottant, ambulance mobile, confortable, qui permit de traiter à la fois dans les meilleures conditions possibles, les blessés et malades de terre et de mer.

Ce projet approuvé par le Ministre de la Marine, restait à trouver un navire remplissant les conditions requises; or, en juillet dernier, ce n'était point chose commode. Le transport des troupes, du matériel et des approvisionnements de guerre avait absorbé la presque totalité des grands vapeurs disponibles dans nos ports, et les armateurs, alléchés par l'espoir d'un affrètement prochain, exigeaient des prix de location beaucoup trop onéreux pour les ressources de la Société, si bien que, pressé par le temps et faute de mieux, le Conseil central dut se contenter d'un bâtiment de 5000 tonnes, le *Notre-Dame-de-Salut*, qui venait d'être nolisé par l'État pour transporter en Chine un escadron de cavalerie et une compagnie du génie.

Il fut convenu que le navire, après avoir débarqué en rade de Takou ses troupes et son chargement, serait aménagé sur place en hôpital et que la Croix-Rouge en prendrait possession pour une durée minima de 60 jours.

Pour le cas où l'installation d'ambulances à terre eût été jugée nécessaire, le *Notre-Dame-de-Salut* emmagasinait dans ses cales le matériel de deux hôpitaux de campagne pouvant être débarqués en quelques heures, le navire restant lui-même largement approvisionné en vivres, médicaments et objets de pansement.

Cette question réglée, le Conseil déléguait ses pouvoirs à MM. de Valence et le vicomte de Nantois, directeurs des formations sanitaires, et s'attachait un personnel technique ainsi composé :

Le Docteur Laffont, médecin principal de la Marine ;
— Labadens, médecin de 1re classe de la Marine ;
— Lafaurie, médecin de 2e classe de la Marine ;
— Herr, médecin civil.

MM. Le Roy des Barres et Assicot, internes des services de chirurgie de l'Hôtel-Dieu ;

M. Tissier, pharmacien. et M. Venture, aide-pharmacien.

L'abbé Yves Hamon, Père de l'Assomption, et cinq Sœurs de Saint-Vincent-de-Paul rompues à la pratique des hôpitaux, complétaient avec 10 infirmiers de la Marine et 3 infirmiers civils, le personnel de la Croix-Rouge ; et le 10 août, ce personnel, au grand complet prenait passage à bord du *Notre-Dame-de-Salut* en partance pour la Chine.

De Marseille à Takou.

Je n'insisterai pas, mon Général, sur les conditions matérielles de la traversée ; je les passerais même volontiers sous silence, n'étaient les difficultés qu'elles nous ont suscitées ultérieurement et la leçon qui s'en dégage pour l'avenir.

Nolisé par l'État, le *Notre-Dame-de-Salut* comptait à bord non compris l'équipage :

54 officiers ou assimilés ; 454 sous-officiers et soldats du génie et de l'escadron de chasseurs d'Afrique ; enfin 218 chevaux et mulets.

Pareille accumulation de passagers et d'animaux sur un bâtiment de 5000 tonnes et pour un aussi long voyage, présentait des inconvénients multiples: les hommes, confinés dans des réduits étroits, manquaient de jour et d'air respirable; les mulets au nombre d'une quarantaine occupaient l'entrepont avant; 70 chevaux étaient entassés dans l'entrepont nº 2, quant au reste des chevaux de l'escadron, il était parqué sur le pont en deux rangées latérales et ne laissait libre qu'un étroit passage où l'on ne pouvait circuler qu'avec les plus grandes précautions.

Avec un pareil encombrement et à la période la plus chaude de l'année, une infection rapide du navire devait fatalement se produire; au bout de quelques jours, en effet, l'urine et le purin suintaient à travers les coutures du pont et ruisselaient le long des murailles et cloisons de la batterie; échelles, panneaux de descente, ponts et parquets, parois des coursives, cabines, salons, entreponts, tout était imprégné d'un enduit visqueux, nauséabond, étalé par les pieds des hommes et transporté par eux dans toutes les parties accessibles du bâtiment.

Aux heures du lavage, le fumier chassé par des torrents d'eau, du pont où il s'accumulait depuis la veille, rentrait à bord par toutes les ouvertures extérieures de la coque, envahissait batterie, cabines, salles de bains et formait en se desséchant, une croûte solide extrêmement adhérente. Comme conséquence de cette souillure générale, une odeur fécaloïde repoussante, tenace, régnait partout, aggravée par les températures exagérées que l'on rencontre dans la Mer Rouge et l'Océan Indien, et cette odeur, cette malpropreté fétide nous ont poursuivis jusqu'au jour où, les troupes et les animaux débarqués à Takou, nous avons pu procéder à la désinfection du navire.

Le 29 septembre le *Notre-Dame-de-Salut* mouillait en rade de Takou après une traversée de cinquante jours et des retards énervants dus à de perpétuelles avaries de chaudières: le lendemain et les jours suivants, grâce aux dispositions bienveillantes prises par M. le Vice-Amiral commandant en chef l'Escadre de l'Extrême-Orient, le débarquement des troupes, des animaux et du matériel s'effectuait avec rapidité, et bientôt le personnel de la Croix-Rouge restait seul à bord du navire souillé jusque dans ses tréfonds.

En somme, malgré les conditions hygiéniques déplorables créées par l'accumulation d'un trop grand nombre de passagers et d'animaux sur un espace beaucoup trop restreint, ce voyage s'est effectué sans que la santé générale des troupes eût trop à en souffrir. Les chevaux de l'escadron ont subi des pertes considérables, cinquante d'entre eux ont succombé en cours de route; mais les passagers, officiers, sapeurs et cavaliers se sont vaillamment comportés; ils n'ont fourni qu'un assez petit nombre de malades, et les affections, légères pour la plupart, qui se sont manifestées chez eux n'ont pas occasionné un seul décès.

Il n'en est pas moins vrai que le navire, à son arrivée, se trouvait dans des conditions de salubrité déplorables, et qu'avant de songer à l'utiliser comme hôpital, il était nécessaire de lui faire subir une désinfection complète.

Désinfection et Aménagement du navire-ambulance.

Cette désinfection était-elle possible, avec les moyens dont nous disposions, et, en admettant qu'on pût l'effectuer, présentait-elle des garanties suffisantes pour qu'en notre âme et conscience nous pussions, dans la suite, recevoir des malades et surtout des blessés?

Posée dans ces termes, la question valait qu'on y réfléchît; mes camarades de l'Escadre la jugeaient insoluble, et leurs avis pleins de réticences étaient de nature à décourager la foi la plus robuste. Il fallait pourtant, coûte que coûte, **faire** une tentative dans cette voie; mon plan, du reste, était tout prêt et les loisirs de la traversée m'avaient permis d'en arrêter d'avance les détails.

De concert avec mon **personnel médical**, j'ai fait exécuter à bord une série d'opérations dont voici l'ordre et le résumé :

1° Nettoyage à sec, au couteau et au râcloir, de toutes les parties contaminées du navire : pont, spardeck, entreponts, batterie, échelles, murailles, cloisons, épontilles, parquets, boiseries, etc., suivi d'un lavage à grand eau et au balai.

2° Briquage vigoureux et prolongé au sable humide, suivi d'un deuxième lavage.

3° Lavage avec une solution chaude de potasse à 10 pour 100 de toutes les parties suspectes, y compris les meubles, lavabos, bois et montants de couchettes.

4° Lavage avec une solution de crésyl à 5 pour 100.

5° Lavage avec une solution acide de bichlorure de mercure à 2 pour 1000.

6° Blanchiment au lait de chaux des parois, plafonds, boiseries grossières, etc., et application d'une couche de peinture partout où il en existait auparavant.

7° Étuvage à la vapeur à 120 degrés de tous les matelas, traversins, oreillers, paillasses, couvertures, et de tous les ustensiles ou objets susceptibles d'avoir été souillés pendant la traversée.

Ces travaux de désinfection ont pris deux semaines; ils ont été exécutés avec beaucoup de conscience et de zèle par notre excellent personnel infirmier avec le concours de quelques hommes de l'équipage; je les ai jugés suffisants pour nous mettre à l'abri de tout accident et en cela, j'ai eu pour moi l'approbation de M. le Médecin en chef de l'Escadre, le docteur Burot, dont la haute compétence me couvre contre tout reproche.

Pour éviter toute perte de temps, au fur et à mesure qu'une partie du navire était désinfectée, elle était immédiatement appropriée à son nouvel emploi.

Le *Notre-Dame-de-Salut* est un steamer déjà vieux et partant démodé; construit en Angleterre en 1876, il fut aménagé dix-sept ans plus tard pour

Plan de l'aménagement du "NOTRE-DAME-DE-SALUT" en Bateau-Hôpital.

I.er ENTREPONT

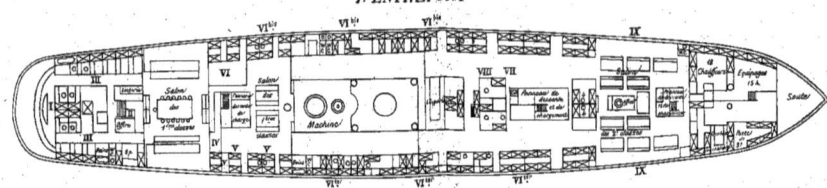

II.e ENTREPONT

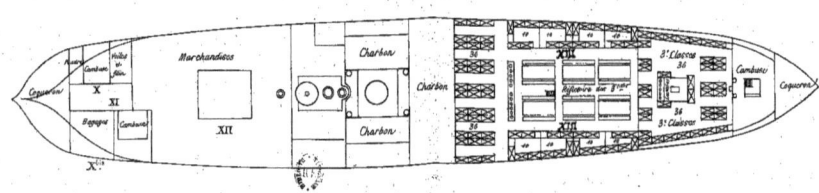

Légende

I. Pharmacie.
II. Tisanerie.
III. Cabines des Médecins et des Chefs de services.
IV. Office.
V. Cabines des Sœurs.
VI. Cabines des Docteurs.
VI.bis et VI.ter Cabines des malades.
VIII. Lingerie.
VIII. Réserve de la Lingerie.
IX. Salle Sainte-Marie.
X. Cambuse contenant les approvisionnements de l'hôpital.

X.bis Cambuse destinée à recevoir les sacs et les armes des malades.
XI. Réserve de la Pharmacie.
XII. Salle Sainte-Marguerite.
XIII. Salle Sainte-Antoinette.
Sur le Spardeck, qui ne figure pas sur plan, se trouvent la Chapelle & la Salle d'Opérations.

Nombre de Lits.

	1: sans doubler les couchettes :	2: en doublant une partie des couchettes :
Cabines	66	Cabines	132
Salle Sainte-Marie	43	Salle Sainte-Marie	86
Salle Sainte-Marguerite	67	Salle Sainte-Marguerite	134
Salle Sainte-Antoinette	80	Salle Sainte-Antoinette	80
Total	256	Total	432

Nota. La Salle Sainte-Antoinette, n° XIII, avait servi au transport des chevaux et des mulets ; malgré la désinfection, les Docteurs décidèrent de n'y placer que des malades atteints d'affections légères, ou des convalescents. C'est pourquoi, bien que plus grande que la Salle Sainte-Marguerite, n° XII, elle contient proportionnellement moins de lits et n'aura qu'un rang de couchettes.

effectuer les pèlerinages en Terre Sainte, et sa disposition actuelle se prête assez mal à l'hospitalisation des malades. Sur le spardeck, en effet, il n'existe aucun local utilisable; d'autre part, la batterie est compartimentée à l'extrême, ce qui complique le service et rend la surveillance beaucoup plus difficile. Cette batterie comprend à l'avant le poste de l'équipage, puis une assez belle pièce, le salon des troisièmes qui occupe toute la largeur du navire, est éclairée par 8 hublots et présente des dimensions suffisantes pour recevoir 58 couchettes disposées sur un seul plan. Le reste de la batterie est occupé des deux bords par des cabines de dimensions variables qui se succèdent sans interruption jusqu'à l'arrière du bâtiment. Là, se trouve un local en forme de rotonde, placé directement au-dessus de l'hélice, mais bien éclairé, vaste et se prêtant fort bien à l'installation de la pharmacie.

Dans l'espace resté libre entre les deux rangées de cabines latérales, on voit en se dirigeant de l'avant vers l'arrière : une soute à cordages, le panneau de descente de l'entrepont B, une série de cabines centrales obscures, mal aérées, bonnes tout au plus à servir de magasins, la cage de la machine, le salon des deuxièmes, le puits de descente de l'entrepont C, le salon des premières, enfin une deuxième série de cabines centrales abandonnées aux garçons d'office, cuisiniers, restaurateur, etc.

Dans la batterie se trouvent encore trois salles de bains et les water-closets au nombre de huit.

En somme, de tous ces locaux, les cabines latérales seules peuvent recevoir des malades et, après avoir logé les sœurs, l'aumônier, le personnel médical, les infirmiers et réservé l'emplacement nécessaire à la lingerie, la buanderie, la salle de visite et la salle de pansements, il nous reste un nombre de cabines tout juste suffisant pour monter 72 couchettes sur un seul plan. Du reste, en cas de nécessité, ce nombre pourrait être sans inconvénient, sinon doublé, du moins porté à 120.

L'étage inférieur compris entre les cales et la batterie est occupé par la machine et trois vastes compartiments ou entreponts. Le Bord s'étant réservé l'entrepont avant, le plus petit des trois, pour y loger ses chauffeurs arabes, nous avions à utiliser les deux autres.

Dans l'un d'eux, l'entrepont B ou compartiment central, nous avons pu disposer soixante des lits de fer qui font partie du matériel de la Croix-Rouge, en réservant dans la partie centrale un espace suffisant pour recevoir les bancs nécessaires au service des repas. Dans l'entrepont arrière aménagé pour loger 154 passagers valides, nous avons cru devoir réduire de moitié le nombre des couchettes, sauf à tout remettre en l'état si le nombre des malades l'exigeait.

De cette façon, le *Notre-Dame-de-Salut* pouvait recevoir dans de bonnes conditions 257 malades et, en cas de besoin, ce chiffre pouvait être porté à 552 en superposant les lits dans l'entrepont arrière et les deux tiers des cabines.

Restait à trouver à proximité des salles de traitement, un cabinet d'opérations. Ni sur le pont, ni dans la batterie, il n'existe de local assez spacieux et assez bien éclairé pour qu'on puisse l'affecter à cet usage; seule la chapelle construite sur la dunette réunit ces conditions.

Après mûres réflexions, M. de Valence a trouvé le moyen de la livrer au service technique, tout en lui conservant sa destination primitive; sur ses indications, la pièce a été divisée en deux moitiés par une cloison transversale mobile destinée à rester close pendant la semaine, et à séparer complètement la partie avant ou chapelle permanente, de la partie arrière transformée en salle d'opérations. Dans cette cloison, un dispositif fort ingénieux permet d'ouvrir une large baie en repoussant sur leurs glissières les vantaux mobiles du centre, de sorte que le dimanche, aux heures des offices, la chapelle peut reprendre en quelques minutes ses dimensions primitives. Les chirurgiens disposent ainsi d'un local vaste, clair, bien aéré, dont le seul inconvénient est d'être fort éloigné de leur service et de nécessiter le transport des blessés à opérer, de la batterie sur le pont, et de celui-ci sur la dunette. Je dois ajouter cependant que cet inconvénient a pu être corrigé en partie par la mise en place d'un palan permettant d'enlever le patient sur son brancard et de l'amener sans secousses brusques jusqu'à la hauteur voulue.

Nous avions encore à nous préoccuper du froid, si rigoureux pendant la saison d'hiver dans le Peï-Tché-Li que le thermomètre y descend souvent à 18 et 20 degrés au-dessous de zéro. Pour en préserver nos malades, des poêles de fonte ont été placés dans les entreponts et la salle d'opérations en nombre suffisant pour y maintenir une température voisine de 15 degrés, tandis que dans toute l'étendue de la batterie, les mécaniciens du bord installaient un calorifère à vapeur; et pendant qu'une partie de notre personnel surveillait ces aménagements, le reste déballait, vérifiait et mettait en place l'énorme matériel emmagasiné dans les cales.

Le 19 octobre tout était terminé, le navire briqué, repeint, ventilé, baigné d'air et de lumière, avait perdu son aspect lamentable; ses profondeurs n'exhalaient plus la moindre odeur suspecte, et M. de Valence en prenait possession au nom de la Croix-Rouge en arborant en tête de mât l'emblème de la Société.

Certes, je suis loin de prétendre que tout fût parfait dans notre hôpital flottant, ni qu'il pût rivaliser avec les navires similaires des autres puissances; il est mauvais marcheur, ses couchettes sont trop étroites, fixes, peu confortables, et si les différents compartiments de la batterie sont bien éclairés et de ventilation facile, les entreponts, par contre, sont obscurs et l'aération y serait manifestement insuffisante si le froid nous obligeait à fermer les grands panneaux par où pénètrent l'air et la lumière.

Je me rends très bien compte que ces entreponts ne peuvent recevoir que des convalescents, des hommes en état de se lever et de passer leur journée au grand air; que la batterie seule (cabines et salon des troisièmes) peut recevoir des malades graves, et c'est ce mode de répartition que j'ai adopté dans la suite, malgré tous les inconvénients qui en résultent pour la surveillance et le service. Mais malgré ces défauts qu'une transformation totale pourrait seule faire disparaître, le *Notre-Dame-de-Salut* présente certains avantages : il est large, bien assis, peu sensible au roulis; il est éclairé à la lumière électrique; il possède une étuve à désinfection, une glacière, un appareil distillatoire capable de nous fournir

8 tonnes d'eau par 24 heures; il est en outre largement approvisionné en vivres de premier choix : conserves, vins, aliments légers, médicaments, linge, vêtements; il est pourvu d'un personnel médical et hospitalier nombreux et dévoué, d'un matériel considérable, et il se trouve somme toute en mesure de procurer aux malades qu'il recevra, tout le bien-être que l'on peut attendre d'un hôpital improvisé.

Si je me suis longuement étendu, mon Général, sur ces détails d'instal-

Le « sampan » qui ravitaillait le *Notre-Dame-de-Salut* en rade de Takou.

lation, c'est afin de bien établir par un exemple, qu'en temps de guerre, à défaut de navires-hôpitaux spécialement aménagés dans le but de recueillir malades et blessés, un steamer quelconque pourrait, en quelques jours et sans grands frais, être transformé en ambulance et rendre provisoirement les mêmes services.

Situation du Corps expéditionnaire à l'arrivée du « Notre-Dame-de-Salut ».

J'ai dit plus haut qu'à la date du 19 octobre nous étions prêts à fonctionner, mais depuis notre départ de France, la situation des Alliés en Chine s'était singulièrement modifiée. Déjà en cours de route nous avions appris l'occupation de Pékin et le découragement des rebelles; à notre arrivée tout est calme, sur tous les points occupés par nos troupes, les Chinois reparaissent et reprennent paisiblement possession de leurs demeures, les traces du bombardement s'effacent, le commerce renaît et dans leur marche sur Ngan-Soü et Pao-Ting-Fou, nos colonnes ne rencontrent pas la moindre résistance.

Pour qui connaît la duplicité chinoise, ces marques de soumission n'ont qu'une valeur relative, mais elles enlèvent tout prétexte à une intervention répressive ; du reste, l'ennemi semble avoir disparu et la période des opérations militaires paraît close pour le moment.

Les blessés des premières affaires sont en très petit nombre dans les ambulances ; ils ont été évacués pour la plupart sur l'hôpital de Hiroshima où ils reçoivent des médecins japonais les soins les plus dévoués.

Les malades si nombreux en été, pendant les marches sur Tien-Tsin et Pékin, ont été rapatriés ; le Général en chef a d'ailleurs décidé le renvoi en France du 16me régiment d'infanterie de marine, le seul qui, déjà surmené par un long séjour en Indo-Chine, ait eu réellement à souffrir des fatigues de la campagne et fournisse encore une forte proportion de malades. Ce régiment parti, il ne restera dans le Pei-Tché-Li que des troupes vigoureuses, nouvellement arrivées de France et parfaitement en état de supporter les rigueurs de l'hiver, d'autant qu'au point de vue sanitaire, cette saison froide est de beaucoup la meilleure de l'année. Les médecins du Corps expéditionnaire n'auront guère à traiter que les affections banales qui forment le bilan pathologique de notre pays, et ils sont assez nombreux et assez riches en matériel pour suffire à cette tâche.

C'est ce que nous explique d'une façon très aimable mais très catégorique, le Directeur du Service de santé quand nous venons lui offrir nos services à Tien-Tsin ; il a dans tous ses postes plus de médecins et d'infirmiers qu'il n'en peut employer et ne voit pas la possibilité d'utiliser à terre nos hôpitaux de campagne, au moins pour le moment.

Le *navire-ambulance*, au contraire, pourra pendant quelques semaines rendre de très grands services comme centre d'évacuation, et cela pour les raisons suivantes :

L'hiver en Chine commence en novembre, mais dans les premiers jours du mois suivant les froids deviennent si rigoureux que le Peï-Ho se prend en masse et que la mer se recouvre à plusieurs milles au large d'une épaisse couche de glace. Jusqu'au dégel qui se produit vers la deuxième quinzaine de mars, la terre se trouve isolée, sans communication possible avec la rade, et les navires abandonnent le mouillage de Takou pour aller hiverner au Japon, à Chang-Haï ou en baie d'Along. Pendant cette longue période de quatre mois, on ne peut songer à pratiquer des évacuations sur les navires-hôpitaux ; le traitement sur place est seul possible et pour éviter l'encombrement des formations sanitaires, il faut de toute nécessité rapatrier en novembre, pendant que la mer est encore libre, tous les malades qui ne paraissent pas susceptibles de se rétablir à bref délai.

A vrai dire, il existe sur la côte du Pei-Tché-Li, à 100 milles environ au nord-est de Takou, une grande ville, Chan-Haï-Kouan, où les navires peuvent passer l'hiver et communiquer avec la terre ; ce point, origine de la

Grande-Muraille, est relié à Tien-Tsin par une voie ferrée en partie détruite par les insurgés, mais qui pourra, dit-on, fonctionner en janvier. Lorsque cette ligne sera rétablie et qu'on l'aura pourvue de trains sanitaires bien aménagés et convenablement chauffés, elle permettra en cas de besoin d'évacuer sur Chan-Haï-Kouan et de là sur Marseille, les convalescents des postes situés sur la voie et ses embranchements; mais pour cet hiver la ligne est inutilisable, et le Service de santé compte diriger ses malades sur les navires-hôpitaux de l'Escadre et de la Croix-Rouge jusqu'au jour où les glaces immobiliseront le fleuve et la mer.

Comme on le voit par cet aperçu, la situation à notre arrivée en Chine s'était sensiblement améliorée, et ce changement nous obligeait à restreindre notre programme; nous devions renoncer à l'honneur de débarquer nos hôpitaux de campagne et nous contenter d'attendre sur notre navire qu'on nous envoyât des malades.

J'avoue que notre amour-propre ne s'est pas incliné sans murmures devant cette obligation et qu'il nous a semblé, non sans raison peut-être, que nos hôpitaux eussent pu trouver place à côté des formations sanitaires de la division. Certes, le Service de santé est assez puissamment organisé pour donner tous les soins médicaux dans la mesure du nécessaire, mais il ne peut avoir pour ses malades la douceur, les attentions délicates, la sollicitude consolante dont nos vaillantes Sœurs de charité semblent détenir le secret; il ne peut leur procurer ce superflu si agréable au convalescent, ces médicaments de luxe, ce champagne et ces vins de marque, ces vêtements, livres, publications illustrées, jeux de toutes sortes dont nous avons été si largement pourvus par la générosité de nos donateurs et qui manquent dans ses approvisionnements; il peut combattre la maladie, mais c'est à nous de compléter la cure, et à ces divers titres notre place nous semblait toute marquée aux hôpitaux de Tien-Tsin.

Cependant aucune proposition ne nous ayant été faite dans ce sens, il ne nous restait qu'à attendre sur notre navire une occasion favorable d'utiliser notre excédent de personnel et de matériel.

Cette occasion, l'Amiral Pottier n'allait pas tarder de nous l'offrir. Après avoir eu d'abord l'intention de nous envoyer à Chan-Haï-Kouan pour y hospitaliser les malades du bataillon de zouaves en garnison dans cette ville, il avait renoncé à ce projet par suite de la création, sur ce point, d'une infirmerie-ambulance de cent lits; quelques jours plus tard, sur la demande de l'Amiral Courrejolles, il offrit à M. de Valence de nous envoyer au Japon.

Dès le début de l'expédition le Général Frey, se préoccupant à juste titre d'assurer le rapatriement de ses malades dans les meilleures conditions possibles, avait songé à créer à Nagasaki un sanatorium destiné à recevoir ceux d'entre eux qui ne seraient pas en état de supporter le retour en France, et il avait jeté ses vues sur le pensionnat des Sœurs françaises de l'Enfant-Jésus de Chauffailles, établies dans le pays depuis 25 ans. L'entente fut facile et bientôt une partie de l'établissement était aménagé en hôpital. Le Général fit venir de Saïgon une soixantaine de lits, les Sœurs en fournirent quarante et consentirent à se charger des soins et de l'alimentation du personnel hospitalisé.

Un médecin de 1re classe de la marine, M. le docteur Marestang, fut placé à la tête de cette formation et, secondé par un excellent second-maître infirmier, il assura seul le service médical et administratif de cet établissement qui, pendant trois mois, rendit des services inappréciables.

Pour rendre bien évidente l'utilité de cette création, quelques explications sont nécessaires. Dans la partie du Pei-Tché-Li occupée par nos troupes, malades et blessés sont d'abord traités sur place, puis dirigés sur les hôpitaux de Tien-Tsin lorsque leur état de santé nécessite le rapatriement.

De là, soit par convoi de jonques, soit par la voie ferrée, ils gagnent Teng-Kou et prennent passage sur les canonnières ou chalands qui les amènent en rade.

Suivant leur état, ils reçoivent alors une destination différente : ceux d'entre eux qui ont encore besoin de soins prolongés sont hospitalisés sur les transports des types *Nive* ou *Vinh-Long*; les autres, moins gravement atteints, embarquent directement soit sur un affrété en partance, soit sur l'annexe des Messageries maritimes qui, deux fois par mois, assure les communications entre Takou et le Japon. Dans ce dernier cas, ils trouvent à Nagasaki le courrier de la grande ligne qui les ramènera à Marseille en cinq semaines.

Tout ceci est très sagement combiné, mais il faut voir de près dans quelles conditions s'effectue le voyage de l'annexe; les passagers toujours très nombreux sont entassés sur ce petit navire et souvent obligés de coucher sur le pont : les soins médicaux leur manquent, l'alimentation qu'ils reçoivent n'est pas celle qui conviendrait à des convalescents, et, la fatigue aidant, des hommes partis de Tien-Tsin en très bonne voie de guérison, arrivent à Nagasaki repris de fièvre ou de dysenterie et hors d'état de continuer leur voyage, d'autant qu'à bord des grands courriers, ils retrouvent souvent le même encombrement, le même défaut de surveillance, la même insuffisance de soins et de confort. Je ne veux pas médire de nos paquebots, ils sont parfaits pour les gens valides, mais ne sont pas outillés pour transporter des malades et on ne peut leur confier que des hommes assez solidement guéris pour qu'aucune rechute grave ne soit à craindre.

Nagasaki est en outre un centre important de ravitaillement pour la flotte de guerre et de commerce; les bâtiments de l'Escadre viennent y réparer leurs avaries et donner à leurs équipages un repos bien gagné; les steamers affrétés qui rentrent en France y trouvent à bon compte le charbon et les vivres nécessaires à la traversée, et le mouvement des navires français sur rade est assez important pour légitimer la création d'un établissement qui puisse recevoir leurs malades graves.

Enfin, de par sa position géographique, la ville se prête mieux que toute autre à une création de ce genre. Son climat essentiellement maritime est beaucoup plus salubre que celui de la côte de Chine : chaud en été, il est en hiver d'une douceur extrême et il est bien rare que la température dans le sud du Japon descende à zéro.

Le paludisme est inconnu dans la région; celle-ci fournit en abondance de la viande de bonne qualité, des œufs, du lait frais, du poisson, de la volaille ; les courriers apportent constamment d'Europe et d'Amérique les produits alimentaires et les objets manufacturés qui manquent dans le pays ; l'eau potable est excellente, la population affable, le Gouvernement bien disposé en faveur de nos nationaux, et ce sont toutes ces considérations qui, en juillet dernier, décidèrent le Général Frey à créer un sanatorium à Nagasaki. Malheureusement, les ressources dont il disposait ne lui avaient pas permis de donner à cet établissement toute l'importance nécessaire ; c'était une formation de fortune, pourvue d'un matériel rudimentaire et d'un personnel beaucoup trop réduit. L'unique infirmier qui avait été mis à la disposition du docteur Marestang ne pouvait à lui seul

Canot à vapeur apportant des ordres.

suffire aux détails administratifs, à la surveillance, à la police, aux pansements, à l'exécution des prescriptions médicales et à la garde de jour et de nuit. L'insuffisance des lits disponibles ne permettait pas de garder les convalescents aussi longtemps qu'il eût été nécessaire et, devant l'afflux des arrivants, il fallait sans cesse vider les salles et rapatrier avant guérison complète.

C'est dans ces conditions que, durant la période du 5 août au 31 octobre 1900, la Division navale et le Corps expéditionnaire qui comptaient à cette époque moins de 4000 hommes, fournirent 248 malades à l'hôpital. Quelques-uns purent rejoindre leur corps après guérison, le plus grand nombre dut être rapatrié, enfin on eut à enregistrer 11 décès, soit une proportion de mortalité de 4.43 pour 100.

En égard à la gravité de ces cas traités, cette proportion est assez faible pour faire le plus grand honneur au dévouement du docteur Marestang et justifier la création et le maintien de l'hôpital, mais il était à craindre que l'augmentation considérable des effectifs militaires et des navires de l'Escadre n'amenât dans l'avenir un tel surcroît de malades, que le sanatorium actuel fût hors d'état de les recevoir, et c'est alors qu'après s'être rendu compte des ressources de la Croix-Rouge, l'Amiral Pottier, après entente avec le Général Voyron, offrit à M. de Valence d'en prendre possession.

Cette offre fut faite le 25 octobre, moins d'une semaine après l'affrètement du *Notre-Dame-de-Salut* par la *Société française de Secours aux Blessés*. Mais déjà depuis le 22 nous traitions à bord une trentaine de malades et constations avec plaisir que tout fonctionnait à notre gré.

Le plan de l'Amiral était le suivant : nous expédier à Nagasaki, dans les derniers jours d'octobre, avec un fort contingent de malades, pour y réorganiser l'hôpital et lui donner l'extension nécessaire. Une moitié de notre personnel et de notre matériel pouvant provisoirement suffire à cette tâche. Un délégué, trois médecins et un pharmacien resteraient à bord du *Notre-Dame-de-Salut*, qui, son débarquement terminé, reviendrait aussitôt en rade de Takou pour se mettre à la disposition du Commandant en chef de l'Escadre et servir de navire-ambulance aussi longtemps que faire se pourrait.

Cette combinaison, qui assurait le fonctionnement en partie double prévu par la Société, était pour nous le seul moyen pratique d'utiliser immédiatement nos ressources; elle nous donnait d'emblée une situation régulière, officielle; elle nous confiait le seul service que nous puissions raisonnablement ambitionner, étant donné le nombre plus que suffisant des formations sanitaires de la Division.

La Terre peut se passer de nous! Soit. Nous ne lui serons point une gêne; nous hospitaliserons en rade de Takou le trop-plein de ses ambulances; notre navire viendra déverser ses malades à Nagasaki et là, dans cette première étape sur la route de France, nous aurons un établissement de premier ordre où nos soldats minés par la fièvre et la dysenterie reprendront les forces nécessaires pour continuer leur voyage; et, puisqu'aux termes du décret du 19 octobre 1892, notre action ne peut s'étendre ni au service de l'avant, ni à celui des hôpitaux d'évacuation, nous resterons dans les limites de ce décret en assurant le fonctionnement d'une ambulance auxiliaire, *le navire*, et d'une vaste infirmerie de gare, *l'hôpital de Nagasaki*.

Première période de fonctionnement du navire-hôpital.

J'ai dit plus haut qu'à la date du 22 octobre, le *Notre-Dame-de-Salut* recevait ses premiers malades au nombre d'une trentaine environ; dans les jours qui suivirent, ce chiffre augmenta peu à peu et le 31 du même mois, nous comptions à bord 4 officiers et 138 soldats ou marins en cours de traitement. C'est tout ce que la Terre avait pu nous fournir pour le moment, mais nous ne pouvions attendre davantage car l'Amiral nous pressait de partir.

Dans la soirée du 31 octobre tout était prêt, le bâtiment recevait l'ordre d'appareiller et le 4 novembre, au lever du soleil, après une traversée de trois jours et quelques heures, le navire de la Croix-Rouge mouillait devant Nagasaki.

La ville est bâtie sur la rive gauche d'un petit bras de mer large de 1500 à 1800 mètres, qui prolonge la baie de Kiou-Siou et après un parcours de 7 à 8 milles, vient se perdre en cul-de-sac dans l'intérieur des terres. Ce bras de mer qui forme la rade est orienté est-ouest; il est bordé de collines verdoyantes qui s'étagent en gradins et l'abritent des vents du large; il est assez profond pour donner accès aux plus grands navires; enfin l'entrée en est assez facile pour que l'on puisse s'y risquer en tous temps. Sur la

Groupe de malades à bord du *Notre-Dame-de-Salut*.

rive droite sont établis l'arsenal, les bassins de radoub, les chantiers de construction et de réparation. Sur la rive gauche, on voit près de l'entrée du chenal le lazaret et ses dépendances; plus loin, la ville qui s'étend sur une longueur de 6 à 7 kilomètres jusqu'au point terminus du bras de mer, et occupe en largeur le versant sud et le pied des hauteurs qui commandent la rade et complètent sa ceinture montagneuse.

Vers la partie sud-ouest de la ville, à mi-flanc de la colline, on entrevoit dans la verdure un grand bâtiment, gracieux d'aspect malgré ses dimensions imposantes et entouré de villas construites à l'européenne: c'est le Pensionnat des Sœurs françaises de l'Enfant-Jésus de Chauffailles; c'est là que fut créé, en juillet dernier, l'embryon d'hôpital dont la Croix-Rouge vient prendre possession.

Bien qu'à notre arrivée cet établissement fût vide, le Dr Marestang ayant eu soin de rapatrier dans les derniers jours d'octobre les malades qui lui restaient, nous ne pouvions songer à y transférer immédiatement les nôtres, la place eût manqué pour les recevoir; il fallait d'ailleurs, avant toute chose, obtenir des Sœurs la cession de leur établissement et en établir les conditions, débarquer un de nos hôpitaux de campagne avec son personnel et son matériel, porter à 180 ou 200 le nombre des lits, donner à chaque local son affectation définitive, tout préparer enfin pour fonctionner dès le premier jour sans confusion et sans tâtonnements.

Grâce à l'activité infatigable de MM. de Valence et de Nantois, tout était prêt dans la soirée du 7 novembre et le lendemain, avec le bienveillant concours des Commandants du *Jean-Bart* et de la *Nive* qui mettaient à notre disposition leurs embarcations disponibles, nos malades pouvaient débarquer et gagner en bon ordre le nouvel *Hôpital de la Croix-Rouge*.

Débarrassé de ses passagers, le *Notre-Dame-de-Salut* put alors compléter ses vivres et son charbon, réparer ses chaudières, corriger les défectuosités constatées dans le fonctionnement de son appareil de chauffage, et se préparer au départ.

Le personnel maintenu à bord comprenait : M. de Nantois, délégué, chef de la formation; le Père Yves Hamon, aumônier du navire; cinq Sœurs de Saint-Vincent-de-Paul; le Dr Herr, chef du service médical; MM. Le Roy des Barres et Assicot, internes; M. Tissier, pharmacien.

Le personnel infirmier avait été, de la même façon, divisé en deux fractions égales dont l'une restait à bord tandis que l'autre débarquait.

Le 11 novembre à cinq heures du matin, le *Notre-Dame-de-Salut* relevait ses ancres et appareillait pour aller reprendre son ancien mouillage en rade de Takou.

Affrété par la *Société française de Secours aux Blessés* à la date du 19 octobre, le navire a fonctionné comme transport-hôpital du 22 octobre au 8 novembre 1900 dans des conditions très satisfaisantes[1]; pendant cette courte période, il a reçu 142 malades dont 4 officiers ayant fourni un total de 1728 journées d'hospitalisation. Deux de ces malades sont morts à bord, l'un en mer, l'autre pendant le séjour du navire en rade de Nagasaki. C'étaient deux malheureux minés à la fois par la tuberculose et la dysenterie, parvenus au dernier degré de la déchéance physique et dont nos soins n'ont pu que prolonger l'agonie.

Notre contingent de 142 malades nous a donc fourni ces deux décès. Trois officiers ont débarqué dès l'arrivée à Nagasaki pour y attendre à l'hôtel le départ du paquebot de France, enfin 137 malades ont été transférés à l'hôpital dès que les préparatifs d'aménagement ont été terminés.

Fonctionnement de l'hôpital à terre.

Je serai bref, mon Général, en ce qui concerne la description de l'établissement; pareille besogne est fort ingrate et serait inutile dans le cas

---

1. Pour la deuxième période de fonctionnement du *Notre-Dame-de-Salut*, voir page 43.

présent puisqu'il vous suffira de jeter un coup d'œil sur la photographie d'ensemble qu'emporte M. de Nantois, et de consulter le plan à grande échelle soigneusement relevé par le Dr Lafaurie, pour être très exactement renseigné sur la disposition des locaux et le parti que l'on en peut tirer.

Le pensionnat se prête merveilleusement à l'installation d'un hôpital et sans rien changer à son aménagement, sans empiéter sur le logement particulier des Sœurs, nous avons très facilement organisé une formation sanitaire de 180 lits avec toutes les dépendances qu'elle comporte.

Le bâtiment dont nous occupons la plus grande partie, comprend un sous-sol, un rez-de-chaussée et deux étages. Il est orienté est-ouest et sa façade principale, agrémentée de galeries couvertes, a vue sur la rade.

Dans le sous-sol très élevé de plafond et parfaitement aéré, nous avons installé : 1° la salle mortuaire ; 2° le dépôt des bagages ; 3° deux vastes magasins pour les vivres et le matériel de réserve.

Au rez-de-chaussée, le vestibule d'entrée est flanqué de deux pièces : à gauche le parloir, à droite la salle à manger réservée au personnel médical, puis dans un long couloir qui prolonge le vestibule viennent s'ouvrir la chapelle, deux réfectoires et six salles de traitement comprenant 55 lits.

Au premier étage, l'emplacement réservé aux officiers malades comporte une salle de 5 lits, une chambre à 1 lit et une petite salle à manger. Le reste de l'étage est occupé par 6 salles de traitement contenant ensemble 76 lits, le logement du pharmacien, et 3 cabinets d'aisance.

Le deuxième étage comprend 5 salles de traitement contenant ensemble 55 lits, une vaste lingerie, la pharmacie et la tisanerie, la salle d'opération et ses annexes, 2 cabinets d'aisance, enfin une petite pièce où loge le deuxième maître infirmier.

L'hôpital est entouré d'une cour où s'élèvent les dépendances, cuisines, salles de bains, water-closets, et logement de l'infirmier-chef qui peut ainsi surveiller la porte de service. Cette cour forme terrasse sur la façade nord du bâtiment et communique d'une part avec un beau jardin, de l'autre avec un vaste terrain où les convalescents peuvent jouer et se promener à leur aise, respirer le grand air du large, et suivre les mouvements de la rade. Sur une pointe avancée de ce terrain, se dresse un mât de 15 mètres dont la drisse porte le pavillon national et au-dessous, celui de la Croix-Rouge.

Enfin deux villas situées à proximité de l'hôpital ont été louées par la Société, l'une sert à loger le personnel médical, l'autre sera réservée aux officiers convalescents qui jouiront ainsi d'une indépendance relative tout en restant à portée de notre surveillance et de nos soins.

Étuve à désinfection. — Ces dépendances seront complétées par la construction d'une étuve en maçonnerie qui permettra de traiter par l'acide sulfureux le linge, les vêtements et les objets de literie, qui doivent subir une désinfection rigoureuse avant d'être remis en service ; à défaut d'appareil à vapeur sous pression dont l'achat, la mise en place et le fonctionnement eussent coûté fort cher, ce procédé économique remplira parfaitement le but que nous voulons atteindre.

Alimentation des malades. — Les Sœurs ont bien voulu se charger de l'alimentation de nos malades, du blanchissage, de l'éclairage, du chauffage, et je dois reconnaître à leur louange qu'elles s'acquittent de ces obligations avec un soin et avec une conscience qui rendent tout contrôle inutile. Bien que n'appartenant pas à un ordre hospitalier, elles ont endossé sans la moindre répugnance la blouse d'infirmière et remplissent ces attributions volontairement acceptées avec la patience et le dévouement qu'elles apportaient naguère à l'éducation de leurs élèves. Elles exercent dans les salles une surveillance constante, elles veillent aux distributions de vivres et de médicaments, président aux repas, et tandis qu'elles s'ingénient à dorloter nos malades, à varier leur alimentation, à leur cuisiner des petits plats exquis qui réveillent les appétits les plus languissants; leur nombreux personnel domestique entretient partout cette méticuleuse propreté que l'on trouve au Japon dans les plus humbles demeures, mais qu'il est si difficile d'obtenir dans un hôpital.

Les vivres sont de très bonne qualité et de préparation parfaite; l'eau potable concédée par la ville est excellente et distribuée en quantité suffisante pour parer à tous les besoins; le linge est propre, bien entretenu, changé aussi souvent qu'il convient, tous ces détails matériels marchent donc à souhait et la Croix-Rouge n'a jusqu'à ce jour qu'à se féliciter du concours que les Sœurs apportent à son œuvre et de la façon dont elles tiennent leurs engagements.

Personnel de l'hôpital. — Depuis sa création, l'hôpital de Nagasaki est dirigé par M. de Valence, Délégué général de la Société, et son personnel médical a été, au début, composé comme il suit :

Le docteur Laffont, médecin principal de la Marine.
— Labadens, médecin de 1ʳᵉ classe de la Marine.
— Lafaurie — de 2ᵉ classe —
M. Venture, pharmacien civil.

Il peut sembler étrange, au premier abord, que les médecins civils aient tous été maintenus à bord du navire-ambulance, tandis que les médecins de la Marine restaient seuls chargés du service de l'hôpital à terre; à vrai dire, cette répartition un peu anormale n'est pas mon fait; celle que j'avais proposée associait dans les deux formations les médecins civils à leurs camarades de la Marine, mais la scission résulte d'une entente entre M. de Valence et l'Amiral qui l'ont jugée nécessaire pour les raisons suivantes : le navire ayant déjà fonctionné comme transport-hôpital avec un personnel mixte, il était intéressant de rechercher si l'expérience réussirait aussi pleinement avec un personnel exclusivement civil et, bien que je fusse certain d'avance qu'il en serait ainsi, je n'ai pas cru devoir soulever d'objection sur ce point. D'autre part, l'Amiral désirait avoir à Nagasaki, au moins pendant la période de début, trois médecins de la Marine, estimant que dans un hôpital créé en pays étranger et loin de tout centre militaire, il est bon d'établir, dès le premier jour, des consignes rigoureuses pour le maintien du bon ordre, consignes dont l'uniforme facilite singulièrement l'exécution; il désirait en outre conférer à ces médecins les attributions d'un conseil de santé maritime chargé de statuer sur la destination à donner aux malades à leur sortie et sur certaines questions médicales qui nécessitent une connaissance approfondie des règlements. Ces considérations suffisent à justifier la mesure adoptée, et la répartition s'est faite comme le demandait l'Amiral, sans provoquer le moindre désaccord parmi les intéressés.

Elle a eu pour premier résultat de créer entre les deux groupes une émulation profitable au bien du service; elle a démontré, dans la suite, que les médecins civils peuvent, après quelques jours d'accoutumance au milieu nautique, assurer le traitement des malades à bord avec la même compétence que leurs camarades de la Marine; enfin l'émotion sincère des deux groupes en se séparant et la chaleur des poignées de mains échangées témoignent de la profonde sympathie qui nous unit tous, après trois mois de vie commune.

Le personnel subalterne de l'hôpital comprend six infirmiers de la Marine, un infirmier civil et quatre matelots détachés provisoirement de la *Vive* pour aider au service de garde et aux travaux qui n'exigent point de connaissances techniques. Avec le concours des Sœurs et des manœuvres qu'elles emploient, ce personnel suffit pour assurer dans de bonnes conditions le traitement de 150 malades, chiffre que nous avons rarement dépassé pendant la période de fonctionnement à laquelle j'ai pris part; mais si dans l'avenir la *Société de secours aux Blessés* croit devoir augmenter l'importance de sa formation, l'effectif des médecins et surtout celui des infirmiers devront subir une augmentation sur laquelle j'aurai plus tard à revenir.

Matériel. — L'hôpital de campagne, formation essentiellement mobile, ne comporte qu'un matériel réduit, facilement transportable et condensé sous le plus petit volume possible. De ce matériel sont exclus tous les objets encombrants tels que meubles, literie et tous ceux dont l'utilité n'apparaît pas incontestable; on sent que dans l'esprit des organisateurs du service de santé en campagne, cette formation n'a qu'un but, recueillir et diriger au plus tôt sur l'arrière les malades et blessés d'une armée, sans s'attacher à leur faire subir un traitement de longue haleine qui pourrait les immobiliser trop longtemps.

Du reste, l'insuffisance du matériel est si manifeste pour un fonctionnement de quelque durée, que le règlement autorise le médecin-chef de la formation à se procurer sur place, par voie de réquisition ou d'achat, la literie et les ustensiles dont il a besoin.

Voilà, certes, une autorisation dont on usera souvent dans les guerres futures, mais encore faudra-t-il que le pays s'y prête, qu'il n'ait point été trop dévasté par l'ennemi et qu'il présente les ressources suffisantes: dans tous les cas, ce qui serait possible en Europe et dans les pays civilisés ne saurait s'appliquer aux expéditions coloniales: là, les ressources locales font défaut, et si l'on ne veut manquer de rien, il faut tout emporter avec soi sous peine d'être rapidement réduit à l'impuissance. Il faut avoir en provision, literie, tentes ou baraquements et matériel au grand complet. Il faut bien se pénétrer d'avance que l'on aura beaucoup plus de malades que de blessés, que ces malades seront en grande partie des paludéens, des dysentériques, des typhiques et des tuberculeux, que les évacuations seront difficiles, l'hospitalisation sur place nécessaire, et que pour rendre de réels services, les Sociétés de secours devront se pourvoir d'un approvisionnement pharmaceutique et d'un matériel tout différents de ceux qu'elles préparent en vue des grandes guerres continentales.

Je me propose, mon Général, de vous adresser plus tard un travail sur le rôle des Sociétés d'assistance dans les guerres maritimes et coloniales; je me bornerai, pour le moment, à constater que le matériel de l'hôpital de campagne débarqué à Nagasaki s'est trouvé manifestement insuffisant pour un hôpital permanent de 180 malades, malgré les nombreuses additions qu'il avait subies au départ de Paris.

Nous avons pu, fort heureusement, utiliser les lits de fortune que le docteur Marestang a bien voulu consentir à nous laisser, ceux que les Sœurs ont mis à notre disposition, et enfin une soixantaine de matelas qui nous ont été prêtés par le Commandant du transport-hôpital *La Vive* dont je ne saurais trop louer la complaisance et l'amabilité à notre égard. Nous avons pu, de la sorte, garnir 75 de nos lits de fer et assurer à nos malades un coucher convenable, en attendant l'arrivée des 50 lits complets que votre troisième délégué, M. le baron Robert Baude, était chargé de nous apporter. J'ajoute que ces lits, que j'ai eu l'occasion de voir plus tard à bord du *Notre-Dame-de-Salut*, sont d'un modèle très confortable et très pratique pour une formation sanitaire permanente.

Les sièges, tables de nuit et autres meubles indispensables, les seaux hygiéniques, cuvettes, pots à tisane, crachoirs, etc., ont été achetés par les Sœurs dans les magasins de la ville, le matériel chirurgical et pharmaceutique a été complété de la même façon par les soins de votre Délégué, et c'est grâce à ces prêts ou achats sur place que l'hôpital se trouve aujourd'hui pourvu des meubles et objets nécessaires à son fonctionnement.

Cependant, le service chirurgical manque encore d'un appareil de première nécessité, l'autoclave de Chamberland, de même les services de médecine n'ont à leur disposition ni le microscope, ni l'outillage indispensable aux recherches bactériologiques courantes; tout cela a été demandé en France dans les premiers jours de décembre et doit être à l'heure actuelle en route pour le Japon.

Les objets de pansement et produits pharmaceutiques dont nous usons depuis le début de notre fonctionnement sont d'excellente qualité et en parfait état de conservation; mais ils commencent à s'épuiser, et il est temps de les renouveler.

L'outillage chirurgical suffit largement aux besoins de la pratique courante et après quatre mois d'usage, les instruments soigneusement entretenus par nos Internes n'ont rien perdu de leurs qualités.

Je dois enfin une mention toute spéciale aux baignoires pliantes qui font partie de notre matériel. Ces baignoires de fabrication allemande, dont la cuve en toile imperméable est soutenue par une armature rigide, sont extrêmement commodes en raison de leur légèreté et du peu de volume qu'elles occupent : elles nous ont permis de traiter nos typhiques par la balnéation dans les étroites cabines du *Notre-Dame-de-Salut* et nous ont rendu à terre les mêmes services. Ce modèle du reste a vivement frappé les médecins français et étrangers qui ont visité nos formations, et j'estime que l'État trouverait grand avantage à les utiliser sur ses navires et dans ses hôpitaux.

Je passe, mon Général, sur les règlements généraux, consignes diverses et détails d'organisation administrative et médicale, de notre hôpital : tout cela a été modelé sur le fonctionnement des hôpitaux militaires en temps de paix et ne présente rien de spécial. Je dois cependant insister sur ce fait, que les malades trouvent chez nous un confort inconnu dans les formations sanitaires de l'armée, confort qui tient à la richesse de nos approvisionnements et aux ressources dont nous disposons.

Ils y sont infiniment mieux nourris, ils ont à leur disposition des jeux de toutes sortes, une salle de récréation pour les jours de mauvais temps, une bibliothèque abondamment pourvue de romans, relations de voyages, revues illustrées, etc., etc. On leur donne le linge de corps qui leur manque, de chauds vêtements de laine ; enfin M. de Valence qui leur consacre tous ses moments de loisir, les console, les réconforte, s'enquiert de leurs désirs, converse avec eux de leur famille, de leurs projets, et leur prodigue avec une patience inaltérable ces marques de sympathie auxquelles nos pauvres troupiers sont d'autant plus sensibles qu'ils y sont moins accoutumés.

L'inépuisable bonté de votre Délégué général s'exerce sur tous, mais va de préférence aux plus humbles, elle ranime leur confiance, elle leur donne l'espérance et l'énergie indispensables à la lutte contre le mal ; elle leur inspire, enfin, des sentiments de reconnaissance qui les maintiennent dans le devoir quand la convalescence s'établit.

Pour le bon renom de l'établissement et dans l'intérêt même des hommes confiés à nos soins, il était nécessaire qu'ils fussent soumis à une discipline paternelle mais assez ferme pour réprimer toute infraction aux règlements établis ; or les mesures prises dans ce but ont été facilement acceptées, nos pensionnaires se sont montrés dociles et s'il m'est arrivé souvent d'avoir à les réprimander pour des fautes légères, je n'ai eu que bien rarement l'occasion de les punir.

Aujourd'hui tout marche à souhait, et si puérile que puisse paraître pareille déclaration, je suis fier des résultats obtenus : le jeune hôpital de la Croix-Rouge fonctionne avec la précision, la régularité d'une vieille formation ; le roulement est établi, les bonnes habitudes sont prises et le censeur le moins indulgent y trouverait bien difficilement matière à critique.

Le Gouverneur de la Province, venu pour saluer la Société de secours au nom de l'Empereur, a complimenté M. de Valence pour l'ordre et la bonne tenue de nos salles. Chaque jour amène de nouveaux visiteurs et les Officiers généraux de passage à Nagasaki, les Commandants des navires sur rade, les officiers, les médecins, tous ceux qui visitent notre hôpital en emportent la meilleure impression, rendent hommage aux efforts de la Société et exhortent son Délégué à persister, pour le bien du Corps expéditionnaire, dans l'œuvre entreprise et à lui donner à l'heure voulue toute l'extension nécessaire.

Tous ces éloges nous sont un précieux encouragement, mais c'est surtout au point de vue professionnel que nous avons goûté, mes camarades et moi, les satisfactions les plus douces. Parmi les malades débarqués le 9 octobre du *Notre-Dame-de-Salut*, parmi ceux que nous ont amenés plus tard la *Nive*, le *Vinh-Long*, le courrier de Takou et celui d'Hiroshima, il en est bien une cinquantaine que l'on pouvait considérer d'avance comme perdus, tant ils étaient déprimés, faibles et profondément minés par le paludisme ou la dysenterie; nous étions d'avis qu'ils ne passeraient pas la semaine. Or il est advenu que contrairement à nos prévisions, ces moribonds ont pour la plupart survécu. Sous l'action bienfaisante du climat et grâce au bien-être dont on a pu les entourer, nous avons eu la satisfaction de les voir renaître, le mal a rétrocédé, ils ont récupéré leurs forces et sont à l'heure actuelle complètement rétablis; mais ce qu'il y a de plus remarquable dans ces résurrections inespérées, ce qui plaide le mieux en faveur de notre établissement au Japon, c'est que presque toujours l'amélioration a suivi de très près le transport à l'hôpital : deux ou trois jours après l'installation à terre et quelquefois dès le lendemain on constatait un mieux sensible et les malades les plus gravement atteints accusaient cette sensation de bien-être qui précède la convalescence et modifie dans un sens favorable les pronostics les plus sombres.

Nous n'avons pas été les seuls, du reste, à reconnaître les bons effets du séjour à Nagasaki dans la cure des maladies graves; les Russes, qui cependant possèdent à Port-Arthur un hôpital militaire de premier ordre, ont jugé bon de créer à deux pas du nôtre un sanatorium qui leur donne d'excellents résultats. Les Allemands cherchent de leur côté un établissement où ils puissent débarquer leurs malades et ont fait à plusieurs reprises des ouvertures à la Supérieure des Sœurs françaises pour obtenir d'elle la cession d'un terrain propre à la construction de baraquements hospitaliers; enfin à défaut d'installation à terre, les navires-hôpitaux de toutes les nations alliées viennent séjourner de longues semaines en rade de Nagasaki, pour faire bénéficier leurs malades de la salubrité du climat et de l'abondance des ressources locales; et c'est grâce à cette circonstance que j'ai pu visiter ces superbes navires : *Géra*, *Witkind* et *Savoïa* qui battent pavillon Allemand, le *Maine* qui porte les couleurs d'Angleterre, le *Relief* expédié par les États-Unis dans les mers de Chine, etc. Ces bâtiments exclusivement affectés à l'hospitalisation des malades sont aménagés avec un luxe et un confort inconnus sur nos transports français, mais si leur visite nous inspire des sentiments d'admiration mélangés d'un peu de jalousie professionnelle, nous avons du moins la satisfaction de penser que nos malades sont encore mieux à terre que les étrangers sur leurs ambulances flottantes; et que si notre Marine voulait consacrer à l'amélioration du *Vinh-Long* ou du *Mytho* les trois millions dépensés par l'Amérique sur son *Relief* ou même les douze cent mille francs que l'installation de la *Géra* coûte à l'Allemagne, la France aurait un type de navire-hôpital bien supérieur à ceux des autres puissances.

Du 8 novembre au 14 décembre 1900, date à laquelle j'ai repris mes fonctions de médecin-chef du navire-ambulance, l'hôpital de Nagasaki a reçu 225 militaires et marins, dont 7 officiers, et pendant cette courte période de 56 jours, ces malades ont fourni le chiffre respectable de : 5506 journées de traitement.

Deux d'entre eux ont rejoint leur corps après guérison ; 78 ont été rapatriés par paquebots ou transports ; 52 ont pris passage sur le *Notre-Dame-de-Salut* ; 5 ont succombé à la tuberculose ou la dysenterie ; 86, enfin, étaient encore en cours de traitement à la date de notre départ.

Ce dernier chiffre est minime, mais il faut bien compter que pendant la saison d'hiver, l'effectif de notre hôpital va se maintenir assez faible : nous pourrons avoir à un moment donné 70 ou 75 malades, mais il nous arrivera de tomber au-dessous de 50 en raison des circonstances climatériques dont j'ai parlé déjà et que je résume en quelques mots.

Du 15 décembre au 15 mars, les glaces dans le golfe du Peï-Tché-Li sup-

Le *Relief*, bateau-hôpital américain.

priment toute communication entre la terre et la rade de Takou et rendent impossible l'évacuation par voies fluviale et maritime des convalescents du Corps expéditionnaire. D'autre part, en admettant même que la voie ferrée soit rétablie et que les trains circulent régulièrement entre Pékin, Tien-Tsin et Chan-Haï-Kouan (seul point du golfe où la mer reste libre), les médecins se refuseront à faire affronter à leurs hommes les fatigues d'un long voyage et les froids rigoureux de la saison. Pendant la période des grands froids, il est donc probable que l'Escadre nous fournira la plus forte partie de notre contingent et que le Corps expéditionnaire se bornera à nous adresser les malades provenant des garnisons de Chang-Haï et Chan-Haï-Kouan, garnisons dont les effectifs réunis forment un total de 1800 hommes.

Mais si l'hôpital de Nagasaki ne reçoit en hiver qu'un petit nombre de malades, il n'en sera plus de même au printemps, quand surviendra le dégel. A cette époque, en effet, les formations sanitaires forcées depuis quatre mois de conserver tous leurs malades, devront, pour éviter l'encombrement, rapatrier au plus vite ceux qui ne paraîtront pas en mesure de reprendre leur service à bref délai. De plus, l'état sanitaire excellent en Chine pendant la saison froide, devient très médiocre en avril et l'on voit renaître avec intensité ces deux puissants ennemis de notre race, le paludisme et la dysenterie, sans préjudice des affections banales et des maladies épidémiques qui sévissent généralement à la même époque. Enfin, c'est au printemps que s'effectueront vraisemblablement les grands mouvements de troupes et que l'on reprendra les opérations militaires presque totalement suspendues en hiver. Peut-être aurons-nous des blessés; dans tous les cas, la fatigue et les privations viendront s'ajouter pour nos hommes aux influences morbides de la saison.

Or, le Service de santé, quelque nombreux, quelque bien approvisionné qu'il soit, sera contraint par la force des choses de diviser ses ressources; il devra évacuer ses malades en masse ou sera débordé, et ce n'est plus alors 50 malades que nous aurons à hospitaliser, il nous en viendra 300, 400, davantage peut-être, et le bien que nous pouvons faire à ce moment n'aura d'autres limites que celles des crédits mis à notre disposition par la Croix-Rouge.

On m'objectera, peut-être, que le vent souffle à la paix, que les négociations sont près d'aboutir et que loin de songer à envahir de nouveaux territoires, les puissances alliées songent à réduire leurs effectifs. Soit, j'admets cette hypothèse, le chiffre des malades sera inférieur à mes prévisions, mais quoi qu'il advienne, il restera toujours suffisant pour légitimer le fonctionnement de notre hôpital. Au lieu de 400 alités, nous n'en aurons peut-être que 200, cela nous permettra de les traiter jusqu'à guérison et nous évitera le crève-cœur d'avoir à les renvoyer faute de place, sans être certains qu'ils puissent supporter sans danger la traversée du retour.

Enfin, même dans le cas improbable où les nations rappelleraient en avril la totalité de leurs effectifs, notre hôpital rendrait encore au pays des services inappréciables en recevant pendant la durée de la période d'évacuation les malades incapables d'entreprendre un long voyage.

Quoi qu'il advienne, la formation de Nagasaki doit être maintenue : je la considère comme un rouage indispensable au bon fonctionnement du Service de santé, et j'estime que tous les efforts de la Croix-Rouge doivent tendre à l'améliorer et à lui donner au moment voulu l'extension nécessaire.

Aucune difficulté matérielle ne peut se présenter sur ce dernier point, les Frères Marianistes possèdent dans les parties hautes de la ville un fort bel établissement où nos malades seraient à merveille, et j'ai tout lieu de croire qu'ils consentiraient à nous céder un corps de bâtiment assez vaste pour recevoir 150 ou 200 lits.

Pour le moment, rien ne presse, le pensionnat que nous occupons suffit amplement aux besoins de l'hiver, et si dans quelques mois l'abondance des malades imposait à votre Délégué général l'obligation de s'étendre et qu'il vous en fît la proposition, moins de quinze jours après la réception de votre télégramme d'acquiescement, tout serait prêt.

Nous voilà bien loin, mon Général, du navire-ambulance de la Croix-Rouge, il est temps pour moi d'y revenir et d'être désormais plus sobre de digressions.

Deuxième période de fonctionnement du « Notre-Dame-de-Salut » et Retour en France.

Parti de Nagasaki le 11 novembre, le *Notre-Dame-de-Salut* mouillait le 14 en rade de Takou, à 15 milles de la côte et par une mer démontée qui suspendait momentanément toute communication avec la terre. Le transport-hôpital *Vinh-Long* venait de partir, la *Vire* était encore à Nagasaki, le navire-ambulance de la Croix-Rouge arrivait donc à point nommé pour recueillir les malades du Corps expéditionnaire et de l'Escadre. Mais au

Entrée du port de Nagasaki.

point de vue sanitaire, la situation était exactement la même que le mois précédent, la santé générale des troupes se maintenait bonne, les malades étaient en petit nombre et rien ne laissait présumer que cet état de choses pût se modifier à bref délai.

Avec cela, la saison s'avançait et l'hiver s'annonçait précoce : déjà à deux reprises le Peï-Ho s'était recouvert d'une mince couche solide, la température de Tien-Tsin descendait la nuit à 10 et 12 degrés au-dessous de zéro, on pouvait prévoir qu'avant trois semaines les glaces seraient assez épaisses pour rendre toute évacuation impossible et le Commandement avait fixé au 2 décembre la date de la dernière. L'un après l'autre, les navires de guerre et de commerce désertaient la rade, il fallait aussi songer à fuir ces parages dangereux et à tirer le meilleur parti possible d'un bâtiment auquel nous nous trouvions liés pour deux mois encore. Hors des eaux de Takou, le navire devenait sans emploi possible : inutile à Chan-Haï-Kouan où la *Vire* était venue reprendre son mouillage, il l'eût été bien davantage à Nagasaki : le seul moyen pratique de l'utiliser était de l'employer au rapatriement d'un convoi de malades, et c'est à ce parti que se sont arrêtés les délégués de la Société sur le conseil de l'Amiral.

Du 17 au 27 novembre, le *Notre-Dame-de-Salut* n'a reçu que douze hommes provenant de l'Escadre, plus cinq marins du commerce qui ont été hospitalisés par pure complaisance et ne figurent pas dans mes statistiques ; puis trois évacuations successives ont porté notre chiffre de malades à 110. Nous n'avions pas à espérer davantage, la terre n'avait plus un convalescent à nous fournir et séjourner plus longtemps en rade eût été sans utilité.

Le 3 décembre, le *Notre-Dame-de-Salut* appareillait pour le Japon et

M. ADRIEN LE ROY DES BARRES
Interne des hôpitaux de Paris,
Attaché aux formations sanitaires de la Société en Chine.

entrait le 6 à Nagasaki, après avoir perdu en cours de route un homme atteint de dysenterie. Il restait à bord 109 marins et militaires à rapatrier et ce chiffre allait bientôt être réduit à 92, par suite du débarquement de 17 malades incapables de supporter plus longtemps le voyage. Mais pendant le séjour du navire à Nagasaki le nombre de nos passagers s'est accru :

1º De 7 convalescents évacués de l'hôpital de Hiroshima ;
2º De 52 malades en bonne voie de guérison venus de l'hôpital à terre ;
3º De deux marins de l'Escadre ;
4º Enfin de 62 militaires qui ont passé du transport *Mytho* sur le *Notre-Dame-de-Salut* pour être dirigés sur l'hôpital de Saïgon.

Par suite de ces mouvements, le navire-ambulance comptait au 14 décembre 215 passagers dont 10 sous-officiers et 5 officiers.

Au point de vue des soins à leur donner, les pensionnaires de la Croix-Rouge pouvaient être répartis en trois classes :

La première comprenait 48 hommes à peu près rétablis, soumis au régime ordinaire et dont l'état ne pouvait, sauf récidive, inspirer la moindre appréhension.

Les convalescents, au nombre de 82, formaient le deuxième groupe; pour eux une surveillance attentive était indispensable; fort éprouvés par la maladie, exposés à des rechutes dangereuses, ils devaient être suivis de

M. Louis Assicot
Interne des hôpitaux de Paris,
Attaché aux formations sanitaires de la Société en Chine.

très près et soumis à un régime alimentaire approprié chaque jour à leur état.

Enfin, dans la troisième et dernière classe, pouvaient être rangés les malades alités au nombre de 85, tous sérieusement atteints et nécessitant des soins délicats et prolongés.

C'est dans ces conditions que le navire allait entreprendre une traversée de 50 jours, subissant l'influence nocive des températures extrêmes, passant en quelques jours d'une région très froide dans la zone torride, pour retrouver en Méditerranée les brises glaciales si funestes aux victimes de la malaria, de la tuberculose et de la dysenterie. En raison du nombre de ses malades et des risques du voyage, le *Notre-Dame-de-Salut* redevenait la plus importante de nos formations, ma place était à bord et cédant mon service à terre au Docteur Herr, je reprenais le matin du départ mes fonctions de Médecin-major du navire.

Le 14 décembre à 4 heures du soir, salués par la musique de l'Amiral qui nous souhaite ainsi bon voyage, nous appareillons pour Chang-Haï, notre première étape sur la route de France.

Le 17 décembre, nous embarquons à Chang-Haï 38 malades, ce qui porte à 253 le chiffre total de nos passagers; la température est fraîche sans excès; la mer clémente et la brise vivifiante du large ainsi que la joie du retour raniment les plus affaiblis.

Arrivés à Saïgon le 25 décembre, nous y sommes retenus jusqu'au 29 par la lenteur du charbonnage; j'en profite pour faire régulariser par le Conseil de Santé de la colonie la situation des militaires embarqués sans certificat de convalescence.

Conformément aux ordres reçus, 66 hommes sont débarqués et dirigés sur l'hôpital; par contre, nous recevons 15 nouveaux malades, ce qui ramène notre effectif à 202. La relâche à Saïgon est extrêmement pénible pour tous, le temps est orageux, la température accablante, le navire surchauffé par le soleil est inhabitable, nous sommes dévorés par des légions de moustiques et le départ est un soulagement pour tous.

A cette période de l'année, la mousson de nord-est devrait souffler très fraîche en pleine mer et rendre la température supportable; malheureusement il n'en est pas ainsi et nos malades subissent l'influence dépressive de la chaleur humide; dans le détroit de Malacca, un de nos convalescents tombe frappé d'un coup de chaleur et succombe en 48 heures.

Deux jours plus tard, le 6 janvier, un matelot de l'équipage en traitement depuis deux mois pour tuberculose est enlevé presque brusquement par une poussée suraigüe d'œdème pulmonaire.

Le 7 janvier, arrivée à Colombo et relâche de 48 heures; je fais transporter à l'hôpital anglais un tuberculeux très avancé que la chaleur du bord incommode; de son côté, le Consul de France confie à M. de Nantois le rapatriement de deux soldats d'infanterie de marine en traitement à l'hôpital depuis quelques semaines, de sorte que nous repartons le 9 janvier avec 202 malades.

La journée du 12 janvier nous est néfaste : nous perdons deux hommes, l'un atteint de tuberculose à la dernière période nous vient de l'hôpital de Saïgon; l'autre vient de Takou et se meurt lentement de cachexie paludéenne. Ces deux décès sont les derniers que nous ayons eu à enregistrer. A partir du 13 le voyage se poursuit sans incidents fâcheux, nous trouvons dans le golfe d'Aden une température des plus agréables, la mer reste calme et nos malades les plus sérieux reprennent vigueur et courage.

Le 17 janvier, le *Notre-Dame-de-Salut* franchit le détroit de Bab-el-Mandeb et remonte la Mer Rouge fortement secoué par une fraîche brise du Nord qui ralentit sensiblement sa marche; le mal de mer reparaît mais nos passagers supportent courageusement cette petite épreuve et l'état sanitaire reste bon.

Le 24 janvier au matin, arrivée à Port-Saïd et relâche de 12 heures;

M. de Nantois reçoit à bord un soldat d'infanterie de marine atteint de dysenterie grave, ce qui porte à 201 le chiffre total de nos passagers.

La traversée de la Méditerranée s'effectue sans dommage et sans amener ces rechutes que provoquent en général les premiers froids. Le voyage tire à sa fin, déjà nous apercevons à l'horizon les côtes de France et si le temps nous favorise, demain nous serons à Marseille heureux d'avoir mené à bonne fin notre mission.

Pendant cette deuxième période de fonctionnement, qui s'étend du 17 no-

M. VENTURE
Aide-pharmacien dans les formations sanitaires de la Société en Chine.

vembre 1900 au 31 janvier 1901, le navire-ambulance a reçu 295 malades ayant nécessité 11 945 journées de traitement à bord.

Parmi ces malades :

4 ont pu reprendre leur service en rade de Takou ;
17 ont été laissés à l'hôpital de Nagasaki ;
66 ont débarqué par ordre à Saïgon ;
1 est entré à l'hôpital de Colombo ;
4 ont succombé en cours de traversée.

Enfin le *Notre-Dame-de-Salut* en ramène 201, dont le débarquement sur les quais de Marseille n'inspirera certainement pas à la population les sentiments de commisération qui accueillaient en 1895 l'arrivée de nos malheureux soldats de Madagascar.

Somme toute, cette traversée s'achève dans d'excellentes conditions. Nous avons eu le regret de perdre quatre hommes en cours de route, mais ce chiffre paraît faible quand on le compare au nombre de nos malades et à la gravité de leur état. Tous nos convalescents du départ ont récupéré leurs forces et sont aujourd'hui en si belle santé, qu'on a peine à croire qu'ils aient été sérieusement atteints; nos alités du début sont pour la plupart guéris ou bien près de l'être, et si j'en dirige à l'arrivée une trentaine sur l'hôpital de Marseille, c'est par une simple mesure de prudence, et parce que je redoute pour eux les froids rigoureux des régions du nord et de l'est où ils veulent passer leur congé de convalescence.

Ces résultats satisfaisants doivent être attribués en grande partie au zèle infatigable de nos Sœurs de Saint-Vincent-de-Paul qui, dans toutes les circonstances, ont rempli leur mission de charité avec cette vaillance et cette abnégation qui sont la gloire de leur Ordre et forcent l'admiration de tous ceux qui les voient à l'œuvre.

Mais l'âme du navire, la cheville ouvrière de votre formation, celui qui ayant assumé la responsabilité matérielle et morale du rapatriement, en a supporté avec un dévouement au-dessus de tout éloge les soucis et les charges écrasantes, c'est votre délégué M. le vicomte de Nantois. C'est à lui que revient tout l'honneur de cette traversée de retour pendant laquelle il s'est révélé administrateur de premier ordre et digne collaborateur de M. de Valence; c'est lui qui, non content de régler avec une entente parfaite tous les détails matériels du voyage et d'assurer à ses malades une alimentation copieuse et variée, a su trouver le temps et les moyens de les amuser et de les distraire.

Jamais, sur aucun navire, passagers militaires ne furent libres et choyés comme les nôtres : ils avaient à leur disposition une bibliothèque fort bien garnie et tous les jeux possibles; ils ont fêté au champagne la Noël, le jour de l'An, l'entrée en Méditerranée; ils ont eu des concerts hebdomadaires, des séances de phonographe, des tombolas où chacun avait son lot, des concours de jeux, de copieuses distributions de tabac, cigares, linge, ceintures, vêtements; en un mot, M. de Nantois a tout fait pour qu'ils gardent impérissable le souvenir de leur voyage sur le navire de la Croix-Rouge et fassent connaître au Pays les services rendus par la Société.

Je n'aborderai pas, mon Général, l'étude des maladies observées dans nos formations sanitaires, je me bornerai à les énumérer dans un tableau d'ensemble, en indiquant pour chacune d'elles le nombre des cas traités, tant à l'hôpital de Nagasaki qu'à bord du navire-ambulance pendant ses deux périodes de fonctionnement.

Ces renseignements suffiront pour donner une idée de la pathologie du Peï-Tché-Li, et déterminer la nature des médicaments dont on a le plus fréquemment à faire usage dans la campagne actuelle.

Nomenclature des maladies
observées dans les Ambulances de la Croix-Rouge.
Nombre des cas traités.

MALADIES INTERNES.	NOMBRE DES CAS TRAITÉS			TOTAUX
	A BORD		A L'HOPITAL DE NAGASAKI	
	du 22 oct. au 8 novem. 1900	du 17 nov. 1900 au 31 janvier 1901	du 9 nov. au 14 décem. 1900	
Anémie profonde..............	4	27	10	41
Cachexie palustre............	1	3	2	6
Fièvre paludéenne............	3	32	6	41
Dysenterie...................	80	58	99	237
Diarrhée chronique...........	8	11	13	32
Congestion du foie...........	1	5	2	8
Abcès du foie................	»	1	1	2
Bronchite aiguë..............	»	5	2	7
Bronchite chronique..........	3	17	18	38
Pneumonie....................	»	3	2	5
Pleurésie....................	2	2	3	7
Emphysème pulmonaire.........	»	2	»	2
Grippe et congestion pulmonaire	»	9	1	10
Tuberculose franche..........	6	13	14	33
Angine phlegmoneuse..........	»	2	»	2
Angine diphtéritique.........	»	1	1	2
Dyspepsie....................	2	2	1	5
Appendicite..................	1	1	1	3
Affections du cœur...........	1	3	1	5
Rhumatisme articulaire.......	1	2	2	5
Embarras gastrique fébrile...	»	2	»	2
Fièvre typhoïde..............	4	30	7	41
Coup de chaleur..............	»	1	»	1
Furonculose..................	»	1	1	2
Épilepsie....................	»	1	1	2
Névralgie sciatique..........	»	1	»	1
Gale.........................	»	»	2	2
A Reporter....	117	235	190	542

AFFECTIONS CHIRURGICALES	NOMBRE DES CAS TRAITÉS			
	A BORD		A L'HOPITAL DE NAGASAKI	TOTAUX
	du 22 oct. au 8 novem. 1900	du 17 nov. 1900 au 31 janvier 1901	du 9 nov. au 14 décem. 1900	
Report. . . .	117	235	190	542
Luxation du rachis.	1	»	»	1
Abcès froids.	2	»	»	2
Fracture du bassin.	1	»	1	2
— du crâne	»	1	2	3
— des membres	»	3	2	5
Blessures de membres supér.	»	2	1	3
guerre par — infér..	3	6	3	12
coups de feu tronc	»	2	»	2
Brûlure par explosion	»	1	»	1
Panaris et phlegmons	2	3	2	7
Plaies contuses.	»	4	3	7
Ulcères des membres inférieurs.	1	2	1	4
Otite suppurée.	3	1	2	6
Conjonctivite.	»	2	1	3
Kératite	2	1	2	5
Arthrite du genou	2	4	2	8
Phlébite	»	1	1	2
Hernie inguinale.	»	1	»	1
Hémorrhoïdes	»	2	»	2
AFFECTIONS DIVERSES. . .	1	1	1	3
	»	1	»	1
	»	1	»	1
	1	3	1	5
	»	6	1	7
	1	»	»	1
	»	2	1	3
	4	4	4	12
	1	4	2	7
Totaux. . . .	142	293	223	658

Nomenclature des maladies ayant occasionné des décès dans les Ambulances de la Croix-Rouge.

MALADIES AYANT OCCASIONNÉ DES DÉCÈS.	CHIFFRE DES DÉCÈS			TOTAUX
	A BORD du 22 oct. au 8 novem. 1900	du 17 nov. 1900 au 31 janvier 1901	A L'HÔPITAL DE NAGASAKI du 9 nov. au 14 décemb. 1900	
Coup de chaleur.	»	1	»	1
Cachexie paludéenne.	»	1	»	1
Tuberculose pulmonaire. . . .	»	1	3	4
Dysenterie aiguë.	2	1	2	5
Total des décès. . .	2	4	5	11

Le chiffre des décès étant de 11 pour 658 malades, la proportion de mortalité dans les Formations de la Croix-Rouge a été de 1,67 pour 100.

CONCLUSIONS

L'œuvre généreuse et patriotique entreprise en Extrême-Orient par la *Société française de Secours aux Blessés militaires* a été couronnée d'un plein succès, et les résultats obtenus jusqu'à ce jour démontrent la puissance de ses moyens d'action et l'importance du rôle qu'elle est appelée à jouer dans les guerres futures.

Avec ses seules ressources elle a su créer au Japon un hôpital de 180 lits et improviser un *navire-ambulance* qui a rendu en quelques mois tous les services que l'on pouvait en attendre.

Par deux fois, ce navire a fonctionné comme ambulance flottante en rade de Takou; à deux reprises, il a effectué l'évacuation des malades et blessés du Corps expéditionnaire sur la formation de Nagasaki; enfin, au moment où l'amoncellement des glaces sur la barre du Peï-Ho ne permet plus de l'utiliser dans les mers de Chine, il rentre en France avec un important convoi de rapatriables, remplissant ainsi jusqu'au bout son

NOTA. — Tous les États statistiques et tableaux détaillés des maladies et affections chirurgicales observées et des malades et blessés traités par la Société française de Secours aux Blessés dans ses formations sanitaires (Bateau-ambulance et Hôpital de Nagasaki) en Chine et au Japon, sont déposés au Secrétariat général, rue Matignon, où ils peuvent être consultés.

rôle de Transport-Hôpital. Et tandis qu'en cinq semaines, le sanatorium de Nagasaki recevait 225 malades et leur donnait 5506 journées de soins, le *Notre-Dame-de-Salut* hospitalisait pendant la durée de son séjour en Chine 455 militaires et marins nécessitant 15 675 journées de traitement.
La Croix-Rouge a donc recueilli dans ses deux formations un chiffre total de 658 malades ou blessés, et fait les frais de 17 179 journées d'hospitalisation [1].

Ces résultats sont d'autant plus encourageants pour la Société, que cette campagne de Chine est certainement la moins meurtrière que nous ayons entreprise depuis vingt ans. Dans toutes les expéditions antérieures, à Madagascar, par exemple, un navire outillé comme le nôtre eût rendu des services inappréciables et je regrette pour notre pays que cette première intervention de la Croix-Rouge n'ait pas été décidée cinq années auparavant, car avec les mêmes moyens d'action nous eussions fait merveille.

Pour le moment, nos transports de l'État me paraissent assez nombreux pour parer à toutes les nécessités de l'hospitalisation sur rade et le rôle du navire-ambulance est terminé; mais la Société de secours n'a pas achevé son œuvre, il lui reste au Japon un hôpital en plein fonctionnement et cette formation que chacun s'accorde à trouver indispensable doit être maintenue coûte que coûte.

Pour la mettre à même d'être dédoublée et de rendre au printemps prochain les services qu'en attend le Corps expéditionnaire, il me paraît utile de lui expédier par la plus prochaine occasion :

1º 50 ou mieux 100 lits complets avec 200 paires de draps et le linge de corps nécessaire pour 200 malades;

2º Le matériel d'hôpital de campagne dont nous nous servons actuellement à bord du *Notre-Dame-de-Salut*;

3º Un approvisionnement pour six mois d'objets de pansement et des médicaments les plus couramment employés;

4º Des vins toniques et du champagne.

Tout cela devrait partir à très bref délai pour Nagasaki, et M. de Nantois, dont le retour là-bas est impatiemment attendu et qui repartira vraisemblablement par le courrier du 24 février, pourrait s'en charger.

D'autre part, le personnel médical qui se compose actuellement de trois médecins, d'un pharmacien et de 6 infirmiers de la marine, deviendra insuffisant lorsque le chiffre des malades dépassera 200. Ce personnel devra être augmenté d'un médecin, de 2 matelots infirmiers et de 2 quartiers-maîtres, en choisissant de préférence pour ces derniers les deux excellents quartiers-maîtres Hervé et Carriou, serviteurs parfaits qui rentrent avec le *Notre-Dame-de-Salut*.

Avec ce complément de personnel et de matériel, M. de Valence pourra faire face à toutes les nécessités; il pourra, s'il le juge utile, créer une importante annexe à l'hôpital actuel, ou bien, si l'occasion lui paraît favorable, expédier une formation à Tien-Tsin.

---

1. *Voir dans le Rapport de M. de Valence, à la page 117, le chiffre total des malades et blessés et des journées d'hospitalisation pendant toute la durée de la campagne.*

En terminant ce long rapport, permettez-moi, mon Général, de vous faire ici l'éloge de mon personnel.

Mes camarades de la Marine, les docteurs Labadens et Lafaurie ont été pour moi les collaborateurs infatigables et dévoués sur lesquels je comptais au départ, pour faciliter ma tâche. Ils ont pour eux la valeur professionnelle, l'expérience, de longs services dans la marine, et je serais heureux de les voir récompensés suivant leur mérite.

Le docteur Herr, qui a longtemps servi dans l'armée et compte à son actif plusieurs campagnes coloniales, a fait preuve, comme médecin-major du *navire-ambulance*, de capacités techniques et de qualités d'organisation qui m'ont rendu son concours extrêmement précieux.

MM. Le Roy des Barres et Assicot, internes des hôpitaux, ont assuré leur service avec une compétence de premier ordre; ils se sont montrés chirurgiens habiles autant que prudents, et leurs succès opératoires sont la preuve indiscutable de leur haute valeur.

Enfin, nos pharmaciens, MM. Tissier et Venture, ont dirigé avec beaucoup de conscience et de zèle le service pharmaceutique de nos formations et ne méritent que des éloges.

Tous, Civils et Marins, ont fait preuve d'un excellent esprit de discipline et de camaraderie; l'entente entre nous a toujours été parfaite et c'est la main dans la main que d'un bout à l'autre de la campagne nous avons suivi de notre mieux la voie tracée par vos Délégués.

A bord du *Notre-Dame-de-Salut*, le 31 janvier 1901.

Le Médecin principal de la Marine,

Signé : « Dr LAFFONT. »

CHAPITRE III

RAPATRIEMENT PAR LA SOCIÉTÉ D'UN CONVOI DE BLESSÉS ET MALADES
SUR LE « NOTRE-DAME-DE-SALUT ».

Rapport par M. le Vicomte Joseph de NANTOIS,
Délégué de la Société en Chine.

A Monsieur le général Davout, duc d'Auerstaëdt, Grand Chancelier de la Légion d'Honneur, Président de la Société française de Secours aux Blessés militaires des Armées de terre et de mer.

Mon Général,

A la veille de rentrer en France, je crois de mon devoir de vous rendre compte de la seconde mission qu'a bien voulu me confier M. de Valence, Délégué général de la Société en Chine, la première ayant déjà fait l'objet d'un rapport spécial qui a dû vous parvenir il y a quelques jours. D'avance je demande toute votre indulgence, car le peu de temps dont je dispose me force à copier seulement les quelques notes prises pendant la traversée.

Nous sommes partis de Nagasaki le 14 décembre à 4 heures du soir avec 215 malades dont trois officiers, 94 de ces hommes avaient été ramenés par moi de Takou la semaine précédente, 5 venaient d'Hiroshima, 52 provenaient de notre hôpital de terre, enfin 64 étaient en traitement sur le *Mytho* et l'Amiral Pottier nous demandait de les conduire à Saïgon. J'emmenais comme personnel: le Dr Laffont, médecin principal de la Marine, médecin en chef; nos deux internes MM. Assicot et Le Roy des Barres; un pharmacien, M. Venture; cinq infirmiers de la marine; deux infirmiers civils, un comptable, et cinq Sœurs de charité. Lorsque nous passâmes devant le *Redoutable*, la musique du cuirassé attaqua l'hymne national, pendant que l'Amiral nous faisait signaler par sa timonnerie : « Remerciements. Bon voyage ! »

Notre premier arrêt devait être Chang-Haï où nous avions à prendre des malades du Corps expéditionnaire et de l'Escadre. Malgré une traversée rendue très dure par une forte bourrasque de nord-ouest, nous mouillions à Wusung le 17 au soir. Pour éviter des frais supplémentaires de pilotage et de droits de port, je décidai de ne pas faire remonter la rivière au

Notre-Dame-de-Salut. Le lendemain je prenais le premier train pour Chang-Haï et me mettais aussitôt à la disposition du Capitaine de vaisseau Babesme, commandant supérieur de nos troupes. On fit prévenir immédiatement l'hôpital et à 4 heures du soir je descendais la rivière sur le remorqueur des Messageries Maritimes avec 58 malades, ce qui portait le chiffre de nos hospitalisés à 255.

Départ à 6 heures, le lendemain matin.

Après une traversée magnifique nous mouillions le 24 au soir au cap

VICOMTE JOSEPH DE NANTOIS
Délégué de la Société en Chine.

Saint-Jacques, et, profitant de la marée de la nuit, nous étions amarrés le lendemain matin à la première heure au quai de Saïgon.

Conformément aux instructions bienveillantes de M. l'amiral Pottier, à Saïgon nous avons été traités comme navire de guerre et placés dans l'arsenal. Nous avons pu ainsi bénéficier de tous les avantages attachés aux bâtiments de l'Etat, sauf cependant pour la question de pilotage, question qui, m'a-t-on promis, serait tranchée ultérieurement. Toujours d'après les instructions de l'Amiral, c'est l'arsenal qui nous a fourni les 250 tonnes de charbon dont nous avions besoin, à titre de cession, jusqu'à ce que décision ait été prise à notre sujet par le Département de la Marine.

Je tiens à vous dire ici, Monsieur le Président, combien j'ai été touché de l'accueil cordial que nous a fait la Colonie de Saïgon : M. Valentin, remplaçant le Gouverneur général absent, le Général commandant la place, l'Évêque de Saïgon sont venus visiter *Notre-Dame-de-Salut* et nous témoigner toutes leurs sympathies.

Quelques fautes graves ayant été commises à bord pendant notre séjour à Saïgon, j'ai pensé qu'un exemple s'imposait pour le maintien de la discipline, et avec l'assentiment du général Bertin, j'ai débarqué quatre de nos convalescents.

Le 29, l'hôpital nous envoyait 15 malades et à midi nous levions l'ancre. Par suite du débarquement des hommes du *Mytho*, de nos 4 indisciplinés et de l'embarquement des 15 autres, le nombre de nos hospitalisés se trouvait être de 202.

Traversée fort belle jusqu'à Colombo, à 9 heures du matin, le 1er janvier, nous étions par le travers de Singapoore.

Grâce à la grande générosité de nos donateurs, chacun de nos malades

Le « *Notre-Dame-de-Salut* »
Bateau-ambulance de la Société en Chine.

a pu, ce jour-là boire un verre de champagne à la prospérité de la Société, à votre santé Monsieur le Président, et à celle de vos généreux et dévoués collaborateurs. Un souvenir tout spécial a été envoyé aux deux femmes de cœur qui ont été sur la brèche dès la première heure, Mme la comtesse Jean de Castellane et Mme la marquise de Laborde. Enfin toast chaleureux à l'adresse des camarades restés en arrière pour soutenir l'honneur du drapeau en Chine et à Nagasaki.

Cette belle traversée a été malheureusement attristée par deux décès : celui d'un de nos convalescents, Rincé, du 18e régiment d'infanterie de marine, enlevé en quelques heures par un coup de chaleur le 4 janvier, et celui d'un des hommes de l'équipage que nous hospitalisions depuis le 14 novembre.

Le 7 janvier à 10 heures du matin, nous entrions dans le port de Colombo. Là, j'ai trouvé un précieux concours dans la personne de l'agent consulaire de France, agent principal des Messageries Maritimes, M. Labussière. Voulant contribuer autant que possible à notre œuvre humanitaire et patriotique, il est parvenu à obtenir des rabais sérieux sur le prix du charbon. De plus pour m'éviter les frais considérables du change et un jour de retard, il a bien voulu endosser toutes ces dépenses qui seront réglées ultérieurement à Paris entre la Société et la Compagnie des Messageries Maritimes. Sur la demande du Consul, nous avons pris deux militaires laissés à l'hôpital de Colombo par le *Vinh-Long*.

Enfin, au dernier moment, M. le docteur Laffont demandait l'autorisation de descendre à terre un de nos malades, jugeant que c'était le dernier espoir de le sauver. — Départ le 9.

Le 12 janvier notre funèbre liste se rouvrait encore pour enregistrer deux nouveaux décès : à 8 heures du matin, celui de Le Fournis, matelot

Canot à vapeur amenant des malades et des blessés.

du *Vinh-Long* que nous avions pris à notre passage à Saïgon, et à 11 heures du soir, celui de Lalanne du 1er régiment d'artillerie de marine, qui succombait aux suites de la fièvre typhoïde contractée à Pékin.

Le 17, à dix heures et demie du soir, nous entrions dans la Mer Rouge. Contrariés par trois jours de gros temps, ce n'est que le 23, à 9 heures du matin, que nous sommes arrivés à Suez. Là, reçu l'aimable visite de M. Dumont, directeur du Canal, et des Sœurs de Saint-Vincent-de-Paul qui nous apportaient les vœux et aussi les dons du Comité de Suez : lait stérilisé, lainages, vins et cigares ; inutile d'ajouter que le tout a été accepté avec reconnaissance, surtout les lainages, car depuis le milieu de la Mer Rouge le froid commençait à se faire sentir, et ma provision était épuisée.

Toutes les formalités remplies, nous entrions dans le canal à midi et demi et à 4 heures, le lendemain matin, nous étions à Port-Saïd. Là, nous faisions charbon, eau et provisions le plus rapidement possible, et à

4 heures du soir nous reprenions la mer après avoir embarqué un soldat d'infanterie de marine laissé à l'hôpital de Port-Saïd par le *Vinh Long*.

Jusqu'à présent la mer s'est montrée clémente, et si tout va bien j'espère que nous serons à Marseille jeudi matin, quarante-neuvième jour de notre traversée.

Avant de terminer, Monsieur le Président, permettez-moi de vous parler du fonctionnement proprement dit de notre navire-hôpital pendant cette période de rapatriement. Depuis la première heure et je puis dire jusqu'à la dernière, puisque nous touchons au port, il a été en tout point irréprochable et cela grâce au dévouement parfait de notre personnel hospitalier qui, sous la haute direction de M. le docteur Laffont, a su triompher des nombreuses difficultés qu'il y avait à vaincre tant par l'exiguïté des locaux

Départ du *Notre-Dame-de-Salut*
partant de Nagasaki pour rapatrier malades et blessés en France.

que par les chaleurs affreuses que nous avons eu à supporter. Certes la Société doit beaucoup au Docteur Laffont, l'humanité souffrante aussi, car, lorsque par un gros temps tous nos infirmiers étaient malades, quand l'atmosphère surchauffée du bateau était à peine supportable, le jour comme la nuit, j'étais sûr de le trouver au chevet des plus atteints.

Vous savez déjà par M. de Valence tout ce qu'il a fait pour notre fondation de Nagasaki, je tenais à lui apporter ici le témoignage de ma profonde admiration et de toute ma reconnaissance.

Devrais-je vous parler de nos Sœurs de charité? Leur nom est assez synonyme d'abnégation et de dévouement pour que tout éloge soit superflu. Dans les circonstances difficiles que nous avons traversées, malgré le changement du personnel médical et infirmier, malgré le départ de deux de ses compagnes pour la Chine, la Sœur Thérèse, notre supérieure, a toujours merveilleusement organisé le service des salles. C'est certainement grâce à sa fermeté et à sa grande connaissance de nos soldats que le bon ordre n'a cessé de régner jusqu'au bout. C'est aussi grâce à ses sages conseils, et à la grande vigilance de notre comptable Francis

Dansaërt, que j'ai pu arriver à écarter tout gaspillage et à réduire nos dépenses.

Au point de vue sanitaire, la traversée s'est effectuée dans les meilleures conditions. Si nous avons eu le malheur de perdre trois de nos malades, c'est une bien faible moyenne sur 270 hospitalisés.

La question alimentaire a été très satisfaisante : nous avons pu donner tout le temps de la viande fraîche à nos malades. Les plus délicats n'ont jamais manqué de volailles ni d'œufs. Nous avions du lait en abondance, et la belle provision de conserves de légumes que nous avions emportée de Paris, et que j'avais précieusement économisée, nous a été d'un grand secours dans la longue traversée de Colombo à Port-Saïd.

On ne saurait être assez reconnaissant envers les généreux donateurs qui nous ont permis d'entourer nos malades de soins délicats, champagne, malaga, bordeaux, tout était en abondance, et il serait à souhaiter que toutes ces générosités soient inscrites au Livre d'Or de la Société.

Les livres et journaux illustrés nous ont été aussi d'un grand secours; la bibliothèque, bien administrée par un de nos convalescents, a fonctionné jusqu'au dernier jour. Il y aurait certainement à faire un choix dans les livres envoyés ainsi dans un hôpital militaire, beaucoup de ces ouvrages sont un peu sérieux; malgré cela, en faisant le relevé du cahier de la bibliothèque, j'y ai trouvé 5127 demandes de livres.

Parmi nos plus valides j'avais recruté une petite troupe de théâtre, qui chaque semaine nous donnait une représentation fort goûtée de tous.

Voilà, Monsieur le Président, le compte rendu rapide mais fidèle de tout ce qui a été fait à bord du *Notre-Dame-de-Salut* pendant la traversée de retour.

Maintenant la campagne de notre navire-hôpital a-t-elle été fructueuse? Ce sont les chiffres qui se chargeront de vous répondre. Depuis le 22 octobre, date à laquelle nous avons pris livraison du navire jusqu'au 31 janvier, date de notre retour en France, sans compter le fonctionnement de l'hôpital de Nagasaki, nous arrivons au chiffre de **13 673** journées fournies par **435** malades.

Tous ceux-là vous doivent une grande reconnaissance, Monsieur le Président, à vous qui avez aiguillé la *Société de Secours aux Blessés* dans une voie toute nouvelle, la voie active et militante. Grâce à vous, la Croix-Rouge française a arboré fièrement son pavillon au milieu des flottes alliées, montrant ce que peut faire en France l'initiative privée et la charité publique.

Moi aussi, Monsieur le Président, je dois vous remercier de la confiance que vous m'avez témoignée en me permettant d'essayer mes forces auprès de M. de Valence, votre Délégué général. Si vous jugez que j'ai suffisamment rempli la mission qu'il m'a confiée, je vous demande comme récompense d'aller le plus vite possible reprendre mon poste auprès de lui. J'en suis malheureusement convaincu, là-bas, la besogne ne manquera pas au printemps et ce serait pour moi un grand regret de ne pas en avoir ma part.

A bord du *Notre-Dame-de-Salut*, ce 28 janvier 1901.

Signé : « Vicomte de Nantois. »

L'ARRIVÉE A MARSEILLE

DU « NOTRE-DAME-DE-SALUT »

Extrait du Bulletin de la Société (Février 1901, N° 29).

Le *Notre-Dame-de-Salut* est entré en rade de Marseille le 30 janvier 1901, rapatriant 201 blessés et malades du Corps expéditionnaire, et une partie du personnel de la Société en Chine : M. le vicomte de Nantois, Délégué de la Société, M. le docteur Laffont, médecin principal de la Marine, MM. Le Roy des Barres, Assicot, Venture et l'abbé Yves, aumônier.

Le Général Metzinger, commandant le 15e corps d'armée, et l'Amiral Besson, préfet maritime, avaient tenu à venir recevoir à bord ces braves soldats que la guerre et la marine nous avaient confiés.

La *Société de Secours aux Blessés militaires* était représentée par le Général Lanty et M. de Fréville de Lorme, venus au nom du Conseil central ; par le Général Fischer et Mme la marquise de Coriolis, président et présidente des Comités de la Société à Marseille.

Parmi les blessés et malades débarqués, 28 des plus gravement atteints ont été transportés dans des voitures d'ambulances à l'hôpital militaire ; les autres ont rejoint leurs casernements, musique en tête, au milieu des manifestations les plus sympathiques de la foule accourue pour les acclamer.

Bien touchants étaient les adieux de tous ceux qui, en quittant le bateau, témoignaient de leurs sentiments de reconnaissance pour les médecins, les Sœurs de charité, l'aumônier qui pendant tant de jours s'étaient dévoués pour leur assurer, non seulement le nécessaire, mais encore le bien-être matériel et moral ; on les a vus, dans un élan spontané, venir tous serrer la main à M. de Nantois.

Le même soir, les Délégués du Conseil central réunissaient, dans un repas de bienvenue sous la présidence de Mme la marquise de Coriolis, tous ceux que ramenait le *Notre-Dame-de-Salut* et les membres des Comités d'Hommes et de Dames de la Société à Marseille.

M. le général Lanty a prononcé une allocution, dont nous détachons les passages suivants :

« Dans quelques jours, il y aura six mois que le *Notre-Dame-de-Salut*,
« faisant un nouveau pèlerinage, partait pour la Chine, en transportant
« avec des détachements de l'armée tout le personnel et le matériel de
« deux hôpitaux de campagne, envoyés par la *Société française de Secours*
« *aux Blessés militaires*, sous la direction de MM. de Valence et de
« Nantois.

« Nous avons tous suivi, — avec intérêt c'est peu dire, — mais avec pas-
« sion, cette croisade du Patriotisme et de la Charité, nous savons ce
« qu'ont fait nos médecins, nos Sœurs de charité, nos délégués, bien
« moins par leurs comptes rendus (car leur modestie égale leur dévoue-
« ment) que par les lettres dans lesquelles les Commandants de la Marine
« et de l'Armée ont rendu hommage aux services rendus....

«.... Au nom du Conseil central, dont M. de Fréville et moi nous
« sommes les délégués, et de son éminent Président le Général duc
« d'Auerstaëdt, au nom des Comités d'hommes et de dames de Marseille,
« dont nous sommes heureux de saluer les membres dans la personne
« de Mme la marquise de Coriolis et de M. le général Fischer, leurs pré-
« sidents; nous adressons un salut de bienvenue à ces nouveaux croisés,
« qui ont porté si haut en Chine le drapeau de la *Croix-Rouge Française*,
« et nous envoyons nos vœux les plus chaleureux à ceux qui continuent
« là-bas, jusqu'à la fin, leur œuvre de dévouement et de patriotisme ! »

Extrait du Bulletin de la Société (Février 1901, N° 29).

CHAPITRE IV

FONCTIONNEMENT DE L'HOPITAL DE LA SOCIÉTÉ A NAGASAKI (JAPON)

Rapport de M. le Dr LABADENS, médecin de 1re classe de la Marine.

Nagasaki, le 7 juillet 1901.

Le Médecin de 1re classe de la Marine Labadens,
A Monsieur le Grand Chancelier de la Légion d'Honneur, Président de la Société
de Secours aux Blessés militaires des Armées de terre et de mer.

Mon Général,

J'ai l'honneur de vous adresser ce rapport sur le fonctionnement de l'hôpital créé à Nagasaki pendant l'Expédition de Chine par la *Société de Secours aux Blessés militaires*.

Cette formation fonctionnait depuis un mois déjà quand je fus appelé à l'honneur d'en prendre la direction comme médecin-chef, au moment de la rentrée en France du navire-hôpital organisé par la Société, le *Notre-Dame-de-Salut*.

Dans son rapport, M. le médecin principal Laffont vous a déjà rendu compte de la création et des débuts de *l'Hôpital de la Croix-Rouge*; il vous a dit comment il avait présidé à l'organisation médicale, destiné les locaux, établi les consignes et fait régner une discipline ferme qui a rendu la tâche facile à son successeur. Je n'aurai rien à ajouter à la façon magistrale dont il vous peignait nos débuts; je reprendrai pourtant dans mon rapport ce mois de travail où il fut notre chef regretté, pour vous présenter une étude d'ensemble de l'hôpital de Nagasaki pendant toute la durée de son fonctionnement.

Le 8 novembre 1900, dès le matin, nous débarquions les malades du *Notre-Dame-de-Salut* pour aller remplacer l'ancienne ambulance du docteur Marestang, créée par la Marine dans le pensionnat des Sœurs du Saint-Enfant-Jésus de Chauffailles.

Nous avions aménagé depuis deux jours cette grande bâtisse en briques, à deux étages, située à mi-côte et sur un éperon d'une des hautes collines qui tombent dans la baie de Nagasaki. La principale façade de ce long rectangle est tournée vers l'ouest et domine toute la rade tandis que l'autre face regarde la montagne.

Deux routes permettent d'arriver à cette altitude : l'une, en pente assez douce, réclame pourtant l'effort de deux hommes pour amener jusqu'à la grande entrée les malades que transportent des *jinrischas*; l'autre aboutit à la petite porte sud, celle-ci est une grimpette fort raide montant directement du quai, elle rend plus faciles nos communications avec la rade, mais elle est seulement praticable pour les bien portants.

Une allée ombreuse va de la route à l'entrée principale, elle est clôturée par un grand portail à deux piliers sur lesquels flottent le drapeau national

Docteur LABADENS
Médecin de première classe de la Marine,
Médecin-chef de l'hôpital de la Croix-Rouge française à Nagasaki (Japon).

et celui de la Croix-Rouge; au-dessous, deux planches portent en français et en japonais l'inscription : « *Hôpital de la Croix-Rouge Française* ».

En entrant dans le vestibule on trouve, à droite et à gauche, deux parloirs, puis l'entrée intérieure de la chapelle à gauche de laquelle s'ouvre un grand couloir coupant tout l'établissement dans sa longueur en deux parties égales. Des cloisons transversales s'appuient aux murs de ce couloir, elles séparent de vastes pièces, — classes ou dortoirs suivant les étages, — aérées et éclairées par les larges fenêtres qui percent les quatre faces. A tous les étages se répète la même disposition : un couloir central sur lequel s'ouvrent toutes les salles. Des vérandas sont ménagées sur la façade principale d'où l'on a vue sur toute la rade et sur une partie de la ville; elles distrairont les convalescents encore trop faibles pour descendre dans la cour.

Les pensionnats et les hôpitaux ont les mêmes exigences : ils veulent beaucoup d'air, beaucoup de lumière, beaucoup d'espace ; celui-ci remplissant toutes ces conditions, nous trouvons vite à nous y installer confortablement. En mettant des lits partout, mais sans toucher aux logements que les Sœurs se réservent, nous pourrions en placer 220 ; pour le moment 160 suffiront et nous nous réserverons ainsi de vastes et utiles annexes.

Votre Délégué, M. de Valence, se loge avec la bibliothèque et le dépôt de tabac dans une pièce à l'entrée du couloir du rez-de-chaussée, pour rester en contact avec ses chers malades ; les deux parloirs deviennent les salles à manger des délégués et des médecins ; les deux grandes salles suivantes serviront de réfectoires, et une autre, située tout à côté de la sortie sur la cour, fera une salle de jeu. Il nous reste encore 5 pièces

Entrée de l'Hôpital de la Société à Nagasaki.

pouvant loger 37 lits, et l'on affecte l'une d'elles aux sous-officiers malades.

La salle de jeu et les réfectoires sont choses auxquelles nous tenons tous, le délégué aussi bien que les médecins. Les réfectoires soustraient les convalescents à l'obligation de manger à côté des gens au régime qu'ils dérangent ou qu'ils tentent ; la salle de jeu leur permet d'être bruyants sans inconvénients pour leurs voisins, surtout quand, l'hiver venu, les pluies ou les basses températures les forceront à rester à l'intérieur. Ce luxe est indispensable aux hôpitaux ; si généralement ils en sont démunis, c'est que la place manque ; il sied que ce soit la Croix-Rouge qui en donne un des premiers exemples. Si la nécessité l'exigeait, en un instant, on garnirait de lits toutes ces salles et l'on pourrait loger au rez-de-chaussée 109 malades, de préférence des convalescents.

Le premier étage comprend sept salles et trois cabinets. Dans l'un de ceux-ci on loge le pharmacien ; les deux autres et une salle à trois lits sont d'abord assignés aux officiers, mais la location d'une maison voisine a fait changer plus tard cette destination : on fit des deux cabinets deux chambres d'isolement pour les malades les plus graves afin de leur donner toute la tranquillité nécessaire à leur état. Dans une grande pièce voisine s'installe notre nombreux personnel infirmier, et, dans les cinq qui restent, trouvent place 62 lits.

Au deuxième étage six salles de piano donnent toutes sur un petit vestibule : on les transforme en pharmacies, en cabinet pour le médecin-chef, — il servira en même temps de chambre obscure pour les examens des yeux et du larynx, — en salle d'opérations, — celle-ci sera munie d'une

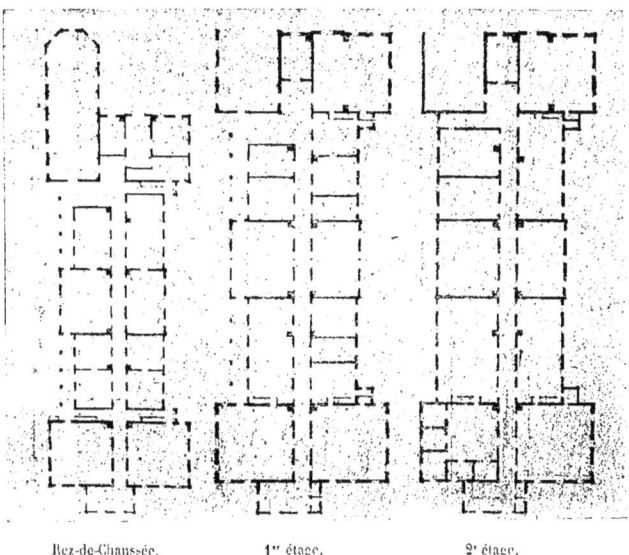

Rez-de-Chaussée. 1er étage. 2e étage.

Plan de l'Hôpital de la Société.

petite annexe, — et enfin la dernière loge un deuxième maître infirmier chargé de la surveillance de tout l'étage. Dans le vestibule on met un petit fourneau, il servira aux besoins de la chirurgie et de la pharmacie, et chauffera en même temps tous les locaux avoisinants; un lavabo et deux vastes armoires pour les objets à pansement complètent l'aménagement de ce petit phalanstère. Cinq salles qui suivent se garnissent de 54 lits et enfin, tout au fond du couloir, près du logement des Sœurs, une vaste lingerie recevra toutes les richesses qui sortent des paniers.

En sous-sol, de grands espaces, clos de bonnes portes, deviennent des magasins pour notre matériel, des caves, des dépôts de bagages pour nos malades, enfin, sous la chapelle, un petit local fait une salle mortuaire très convenable.

En dehors du corps de bâtiment, nous trouvons : les cuisines, sous des abris en planches derrière la maison ; sur la face nord les salles de bains contenant dix baignoires en bois qu'un tuyautage unit à une grande chaudière, elles nous seront très utiles pour tout notre personnel.

Une petite pièce fait suite aux cabines de bains, elle surveille la porte sud et logera notre infirmier-major élevé au rang de portier-consigne

Enfin, dans la cour, de nombreux cabinets à la turque avec petite fosses fixes indépendantes complètent les annexes de l'établissement.

Une cour et un jardin entourent l'hôpital, ils s'étendent en terrasse sur toute la façade principale et renferment un préau couvert où s'abritent en temps de pluie les convalescents autorisés à sortir. De ce point, la vue est merveilleuse : c'est là que se tiennent nos marins à l'affût de tout ce qui se passe en rade ; c'est là aussi que, deux fois par semaine, l'Amiral a envoyé

Intérieur de la chapelle de l'hôpital de Nagasaki.

ses musiciens jouer à nos malades les plus beaux morceaux de leur répertoire.

Un grand mât de pavillon porte sur la même drisse les couleurs nationales et celles de la Croix-Rouge, il signale au loin l'hôpital et nous vaudra de nombreuses visites qui feront connaître dans les mers de Chine l'œuvre de votre Société.

La présence d'officiers malades assez nombreux, la nécessité de loger les délégués et les médecins, obligèrent à s'étendre en dehors des limites de l'enclos des Sœurs. Votre Délégué loua pour cet objet deux petites maisons tout proche de l'hôpital. Celle des officiers, où habitent aussi MM. Baude et de Nantois, est la plus voisine : une simple ruelle sépare son entrée de la porte sud ; celle des médecins, un peu plus éloignée, ne l'est guère que d'une cinquantaine de mètres et se trouve un peu en contre-bas. Ces deux maisons sont en bois, elles se composent d'un rez-de-chaussée surélevé par quelques marches sur de petits murs de pierre ; quatre pièces égales ouvrent sur un corridor central faisant des logements indépendants et parfaitement confortables.

I. — Du Personnel.

Lorsque la *Société de secours aux Blessés militaires* se décida à faire fonctionner à l'improviste deux de ses hôpitaux à plus de 18 000 kilomètres de la base ordinaire de son action, elle dut recourir à un personnel spécial. Ses formations normales se composent de personnes remplissant, entre autres conditions, celle de n'être plus liées par la loi militaire. A cet âge tous les membres, et les médecins par exemple, sont tenus par des occupations ou des clientèles que l'on ne peut abandonner pour une durée indéfinie. Le bouleversement social que produira la mobilisation générale

Maison des officiers (Annexe de l'hôpital de Nagasaki.)

pourra leur permettre de tout quitter, mais on ne pouvait faire appel à leur dévouement dans les circonstances présentes. Il fallut recourir à un personnel ou plus *déraciné* ou plus jeune, que les obligations sociales ne retenaient pas encore, s'il était toujours lié par les règlements militaires. Le groupe *marin* remplit la première de ces indications, tandis que le groupe *civil* répondait à la seconde.

En dehors de M. de Valence, dont la haute personnalité s'était offerte, les délégués adjoints, MM. de Nantois et Baude, les chirurgiens et les pharmaciens, MM. Le Roy des Barres, Assicot, Tissier et Venture, étaient, par leur âge aisément mobilisables et trop heureux d'aller se rendre utiles en ces lointains pays.

Le docteur Herr, ancien médecin militaire, et les trois médecins de la Marine allaient retrouver là-bas leurs camarades partis dans les formations régulières et remplir les mêmes fonctions mais sous les auspices de la *Société de secours aux Blessés militaires*.

Du Délégué. — L'hôpital de Nagasaki a fonctionné pendant toute sa durée sous la haute direction de M. de Valence. Votre Délégué s'était réservé les soucis de l'administration mais la situation particulière du personnel avait amené un *modus vivendi* spécial que je dois vous faire connaître. Le chapitre II du Règlement sur le fonctionnement des hôpitaux auxiliaires dit que le délégué « règle le service intérieur de l'hôpital ». On ne pouvait prévoir le cas de médecins militaires ayant sous leurs ordres des infirmiers militaires, comme personnel traitant dans ces hôpitaux. Il résultait de cette situation inattendue que l'autorité était nécessairement moins entière dans les mains du délégué que dans celle des médecins avec lesquels ces infirmiers avaient l'habitude de servir; aussi tout le service intérieur, la discipline, les consignes, durent revenir au médecin chef. Si

Docteur LAFAURIE
Médecin de première classe de la Marine,
Médecin dans les Formations sanitaires de la Société en Chine et au Japon.

l'on avait pu craindre des froissements d'attributions, — et si j'en parle c'est que j'avais entendu exprimer ces craintes, — vous apprendrez de M. de Valence s'il a jamais eu à en souffrir.

Pour nous, la respectueuse et profonde affection que nous lui gardons après ces longs mois de vie en commun et que je tiens à affirmer ici vous dira quelle fut notre entente, elle fait justice de ces appréhensions.

Le rôle du Délégué fut multiple : à l'administration de l'hôpital, se joignit la distribution des dons en nature, des vêtements chauds, des vins, des approvisionnements. Elle fut faite par lui aux postes les plus éloignés de l'intérieur de la Chine[1], à une saison où le froid était le plus rigoureux, les communications le plus difficiles.

---

1. Voir, page 159, la carte indiquant par un tracé spécial les postes visités par M. de Valence.

Le traitement moral de nos malades fut aussi de son ressort comme la correspondance avec les familles et les lettres écrites pour les illettrés ou les impotents. Tout cela prenait les heures que laissaient disponibles ses nombreuses occupations. Il ne m'appartient pas de juger son action, elle a été appréciée par tous ceux qui en ont été témoins, par tous ceux qui en ont bénéficié. J'exprime seulement la crainte que sa modestie n'ait laissé son rôle tout entier dans l'ombre pour s'étendre longuement sur ce que les autres ont pu faire.

Des Délégués adjoints. — MM. le vicomte de Nantois et le baron Robert Baude ont aidé M. de Valence dans sa lourde charge; ils le remplaçaient

Les Sœurs du Saint-Enfant-Jésus de Chauffailles
en tenue d'infirmières de la Croix-Rouge à Nagasaki.

à l'hôpital pendant ses séjours en Chine et partaient à leur tour quand de nouveaux envois demandaient de nouvelles distributions. Cela ne se fit pas toujours sans fatigues, l'un d'eux nous revenait un jour du Peï-Tché-Li atteint assez gravement d'une des maladies qui y sont endémiques dont il n'est pas encore guéri. Il dut s'hospitaliser, augmentant le nombre de ces malades auxquels il était venu se dévouer.

Leur désir de remonter le moral de notre clientèle leur faisait inaugurer des promenades de convalescents par les rues si animées de la ville japonaise. La direction personnelle qu'ils donnaient à la petite caravane écartait les tentations, sans cela irrésistibles, qu'auraient offertes les cabarets à des estomacs soumis encore à un régime.

De l'Aumônier. — M. l'abbé Salmon, vicaire général du diocèse de Nagasaki, avait bien voulu se charger de remplir les fonctions d'aumônier de l'hôpital en se disant trop heureux de venir se retremper dans un coin de patrie française. Il s'est occupé de nos malades avec tout le dévouement des prêtres des Missions Étrangères, grâce auxquels on connaît encore dans tout le Japon la langue et le nom de la France.

Les Sœurs du Saint-Enfant-Jésus. — Les Sœurs du Saint-Enfant-Jésus dont nous occupions la maison ont eu à transformer toutes leurs habitudes : sœurs enseignantes, elles se sont faites hospitalières et quelques jours leur suffirent pour s'adapter à leur nouveau rôle. Elles gardaient de l'ancien la douceur toute maternelle contractée auprès de leurs enfants. Elles ont entouré nos malades de cette atmosphère familiale dont on ressent si vivement l'absence dans ces pays lointains et dont on n'apprécie jamais autant la douceur que dans la maladie.

Elles étaient chargées de la lingerie, des réfectoires où elles distri-

Docteur Herr
Ancien médecin de l'armée,
Médecin dans les Formations sanitaires de la Société en Chine et au Japon.

buaient les aliments, — et à ce titre elles suivaient les visites pour être au courant des prescriptions, — enfin de la cuisine.

Si tous les estomacs reconnaissants qui leur durent le retour à la santé vous envoyaient leur témoignage, vous en recevriez assurément de tous ceux qui passèrent par l'hôpital. La nourriture fut toujours saine, abondante, admirablement préparée. Jamais nous n'avons eu l'occasion de faire une observation, et pourtant les médecins sont volontiers un peu sévères quand il s'agit de la cuisine.

Du Personnel médical. — Au moment du départ du *Notre-Dame-de-Salut* le personnel médical restant à l'hôpital de Nagasaki fut ainsi constitué :

Le Docteur Labadens, médecin de 1re classe de la Marine remplissant les fonctions de médecin-chef.

Le Docteur Lafaurie, médecin de 2e classe de la Marine.

Le Docteur Herr, médecin civil.

M. Tissier, pharmacien civil.

Ce personnel est resté le même jusqu'au jour de la fermeture de l'hôpital. Pendant ces longs mois, l'entente la plus cordiale n'a cessé de régner entre ces deux groupes. Des gens prévoyants les voyaient hostiles dès le départ, je suis heureux que notre expérience prouve combien il est aisé de s'entendre. Je doute qu'une formation homogène, toute militaire ou toute civile, ait jamais marché avec un accord plus amical que celui qui n'a jamais cessé d'exister entre nous.

Les services de l'hôpital furent dès le début divisés en trois :

Le docteur Lafaurie prit le rez-de-chaussée comprenant des salles de convalescents, de sous-officiers et de contagieux;

Le docteur Herr soignait les malades du premier étage, ayant ainsi la charge des plus graves dans les salles de dysentériques et les cabinets d'isolement.

Le traitement des officiers m'était réservé, puisqu'il est l'apanage du médecin le plus ancien, et j'assurais en outre dans les salles du deuxième étage le traitement des maladies chroniques et le service des blessés.

Le pharmacien, M. Tissier, s'occupait des prescriptions journalières et des analyses rendues difficiles par le manque d'appareils; avec l'aide d'un infirmier et d'un matelot il préparait les envois de médicaments. Ce n'était point une sinécure que de constituer des caisses contenant ce qui peut être le plus utile à un poste isolé et, cela fait, de procéder à des emballages n'ayant rien à redouter des chocs terribles de plusieurs débarquements.

Tous ces divers services ont été admirablement assurés. Je n'ai eu qu'à me louer de tous mes collaborateurs, auxquels j'adresse ici tous mes remerciements. Ils ont rendu une tâche, qui eût pu être ardue, non seulement facile mais encore agréable.

Des Infirmiers. — Le personnel subalterne comprenait : 2 seconds maîtres infirmiers; 2 quartiers-maîtres et 2 infirmiers de la marine. Quatre matelots, provenant de la *Nive*, nous avaient été prêtés par l'Amiral pour aider au service des gardes et à la police de l'établissement.

Des deux seconds maîtres, l'un remplissait les fonctions d'infirmier-major. Les consignes générales qui lui étaient données et que j'ai déposées dans les archives de la Société vous rendront compte du rôle multiple de ce rouage important. Ce fut le second maître Larremonette qui occupa cet emploi : il avait servi à la première ambulance de Nagasaki et nous avait été prêté par le Directeur du service de santé du Corps expéditionnaire, auquel nous avons pu le rendre quand M. de Nantois nous ramena deux infirmiers du *Notre-Dame-de-Salut*.

Ce personnel fut réparti entre les trois services de la façon suivante :

Docteur Lafaurie : 1 quartier-maître, 1 matelot.

Docteur Herr : 1 second maître, 1 infirmier, 1 matelot.

Docteur Labadens : 1 infirmier-major, 1 infirmier, 1 matelot.

Pharmacie : 1 quartier maître, 1 matelot.

Habitués à nos hôpitaux de la Marine et retrouvant ici la même discipline, tous ont servi comme ils savent le faire, surtout lorsqu'ils ont à cœur de tout voir réussir.

Personnel indigène. — A ce personnel européen s'ajoutèrent des domestiques indigènes assez nombreux : des servantes japonaises aidaient les Sœurs à la cuisine; des « boys », — appellation générique de tout serviteur mâle en Extrême-Orient, — faisaient le gros ouvrage et les gros nettoyages de tout l'établissement.

Nous avons trouvé ces gens propres, disciplinés et très doux. Ils avaient en général servi dans l'armée japonaise, l'un d'eux avait même fait la première campagne de Chine et y avait été blessé. Pourtant, à un moment donné, ces serviteurs si disciplinés se mirent en grève, mais en décorant sous le prétexte uniforme de parents malades — comme l'exige la politesse

M. René Tissier,
Pharmacien de première classe.
Pharmacien dans les Formations sanitaires de la Société en Chine et au Japon.

japonaise, — leur unanimité à nous vouloir quitter. Cette résolution coïncidait avec d'autres faits qui nous ont fait croire à toute autre chose qu'à une manifestation spontanée. Dans les premiers jours de notre installation, les autorités japonaises nous avaient marqué leur sympathie par la visite officielle que nous fit le Gouverneur de la Province, et par l'exonération des droits de douanes sur le matériel et les approvisionnements apportés avec nous. A ce moment, un revirement se produisait, on nous demandait en vertu de quels titres nous étions installés à Nagasaki et, malgré l'attestation de l'Amiral que nous étions des médecins militaires ayant le droit d'exercer la médecine en France, on exigeait la production immédiate de nos diplômes, faute de quoi l'hôpital devait fermer sans délai. L'appel de votre Délégué au Ministre de France à Tokio eut pour effet de faire cesser ces tracasseries administratives dont l'origine était, paraît-il, toute locale.

De ce jour, nous avons retrouvé les excellents rapports du début avec les autorités provinciales, et les menaces de grève ne se sont plus jamais produites dans notre personnel.

II. — Du Matériel.

Le matériel que nous avons utilisé est ainsi composé :

1° Matériel d'hôpital proprement dit, comprenant : lits, literie, brancards, meubles de salles (armoires pour pharmacies d'urgence, chaises, tables de nuit, tables); vaisselle pour malades (vases de nuit, crachoirs, cuvettes, seaux hygiéniques, brocs, pots à tisane, matériel de réfectoire);

2° Matériel pour l'hygiène générale (étuve à désinfection, stérilisation de l'eau potable, baignoires);

3° Matériel médical;

4° Matériel chirurgical;

5° Matériel pharmaceutique. — Médicaments.

Nous verrons successivement, en entrant dans le détail de ces diverses catégories, quel est le matériel nécessaire à un hôpital, en dehors de celui prévu pour les hôpitaux auxiliaires de campagne.

Ce chapitre de mon rapport ne sera qu'une longue liste de nos desiderata. Il a été écrit, non pas dans un esprit de critique, mais pour que d'autres fassent mieux que nous une autre fois. L'œuvre entreprise était toute nouvelle, il n'est pas étonnant qu'un matériel prévu pour d'autres éventualités se soit montré insuffisant.

Les objets d'usage courant, ceux que l'on trouverait partout en France en cas de nécessité deviennent presque des articles de musées ethnographiques dans les pays exotiques où la Croix-Rouge veut désormais envoyer des secours. Il ne faut donc pas s'étonner que le conseil « à acheter sur place » inscrit dans la nomenclature ne puisse être suivi et qu'il soit nécessaire de prévoir, pour des besoins nouveaux, de nouveaux approvisionnements.

Grâce aux larges crédits qui nous ont toujours été ouverts par votre Délégué; grâce aux ressources que nous offrait une grande ville comme Nagasaki; grâce enfin aux nombreux envois de la Société dès qu'elle sut nos besoins, nous avons pu parer à toutes les insuffisances et soigner des malades dans un hôpital où plus rien ne manquait.

Dans le rapport qu'il vous adressait, M. le médecin principal Laffont émettait, à propos du matériel, les quelques considérations générales suivantes :

1° L'hôpital auxiliaire de campagne, tel qu'il est prévu actuellement, est une formation essentiellement mobile; le matériel encombrant en a été supprimé pour ne pas nuire à sa légèreté; il est destiné à n'être qu'un lieu de passage pour les malades dirigés sur l'arrière.

2° L'autorisation que donne le Règlement d'acheter le gros matériel sur place, ne pouvant s'appliquer aux expéditions coloniales où les ressources font défaut, il faut avoir ce matériel d'avance et l'emporter avec soi.

3° Les formations auxiliaires, dans les campagnes coloniales, auront à traiter plus de malades que de blessés; elles devront être pourvues d'approvisionnements autres que ceux prévus pour des campagnes en Europe.

Je ne puis que m'associer entièrement à ces propositions de M. Laffont. Dès le début de notre installation, nous avons pu en constater la justesse et, sans des circonstances toutes spéciales, nous n'aurions pu fonctionner aussi rapidement que nous l'avons fait, faute précisément de ce gros matériel que nous n'avions pas emporté avec nous.

Lorsque, le 4 novembre 1900, nous arrivions à Nagasaki avec le *Notre-Dame-de-Salut*, nous y trouvions, prêt à nous recevoir, un grand bâtiment à deux étages, construit près d'une ville de plus de 120 000 habitants, qui nous offrait par cela même de très grandes ressources. Malgré tous ces avantages, nous n'aurions pu débarquer nos malades le matin du 8, si

Personnel japonais de l'hôpital de Nagasaki.

nous n'avions trouvé pour coucher notre personnel : 56 lits garnis de matelas, de paillasses et de traversins prêtés par les Sœurs; 50 châlits en bois, 80 matelas, 80 traversins appartenant à l'hôpital militaire de Saïgon, et que nous laissait en se fermant l'ambulance du Dr Marestang; enfin 50 matelas et autant de traversins qui nous étaient prêtés par le Commandant de la *Nive* et par ordre de l'Amiral. Ce transport s'aménageait pour hiverner à Chan-Haï-Kouan, il n'avait pas de malades et pouvait ainsi se démunir, pour un temps, en notre faveur, d'une partie de sa literie d'hôpital.

Sans ces heureuses coïncidences, nous n'aurions pu débarquer que nos 77 lits et nos 80 brancards à foncure de toile, sans matelas, garnis seulement de draps et de couvertures, tandis que l'état de beaucoup de nos malades exigeait un plus grand confortable. Il nous aurait fallu de longues semaines pour faire fabriquer sur place des objets de literie inusités au Japon et, en attendant, les enveloppes vides pour paillasses, oreillers ou traversins, renfermées dans les divers ballots, n'auraient point été des ressources suffisantes.

Nous n'avons, heureusement, pas eu à nous occuper de la question d'un abri; nous nous demandons pourtant comment il nous eût été possible d'ouvrir nos hôpitaux si l'ordre nous était venu de nous installer dans Tong-Kou dévasté, où il ne restait peut-être plus quatre maisons ayant un semblant de toiture. Dans les campagnes tropicales, si les arbres abondent avec lesquels on peut faire, en cas de nécessité, des abris suffisants contre le soleil et contre la pluie, dans les plaines de Chine où poussent à peine des arbustes et où l'ennemi est le froid, il nous aurait fallu, peut-être, de vastes toiles de tentes dont on aurait fait des toitures en attendant mieux.

Si la question des abris mérite une étude spéciale que nous n'avons pu faire, il n'en est pas de même du matériel de couchage, ici l'expérience nous permet d'affirmer la nécessité de se munir à l'avance de toute la literie.

Les hôpitaux de la Croix-Rouge devant être, par définition, des hôpitaux d'évacuation seront toujours, de ce fait, auprès de la base flottante de ravitaillement d'un corps expéditionnaire; ils pourront donc emporter un matériel plus considérable que les formations volantes, puisque ce matériel supportera seulement le transport par mer. Il devra être choisi robuste, confortable et léger.

1° MATÉRIEL D'HÔPITAL. — *Literie*. — Celle que nous avons utilisée n'était pas d'un modèle uniforme, nous en avions de deux sortes : l'une, partie avec nous sur le *Notre-Dame-de-Salut*, comprenait un lit de fer avec fonçure en toile; l'autre, apportée en novembre par M. Baude comportait, avec un lit en fer, un sommier à lames d'acier, et de plus, du côté de la tête, une planchette métallique servant de porte-tisanes. Ce second modèle était bien plus confortable que le premier. Si les conditions de bien-être étaient seules en jeu, il ne faudrait pas hésiter à lui donner la préférence pour en garnir uniquement les salles de vos futurs hôpitaux. Nos malades graves ont apprécié ce couchage élastique, et tous ont déclaré avoir supporté, grâce à lui, sans aucune fatigue, le long séjour au lit que la maladie leur imposait. Ce matériel si confortable est de plus très robuste, le montage en est rapide, et il est très facile à désinfecter. Il est, par beaucoup de points, supérieur sans conteste, au modèle que nous avions emporté au début. Celui-ci est à membrure moins résistante, la fonçure de toile est fixée par une corde assez mince, elle casse assez souvent et il sera nécessaire d'en prendre un approvisionnement, peu encombrant il est vrai; enfin il est bien moins confortable. Il n'a pas de sommier, il ne possède pas de disposition permettant de tenir des potions ou des tisanes à la portée des malades, ce qui force à recourir à des tables ou à des chaises que l'on met à leur côté. Enfin, il est trouvé un peu court par les malades qui ne savent pas dormir la tête aussi relevée que l'exige la planchette-oreiller; ce défaut pourrait être corrigé, il suffirait de donner à cette planchette une inclinaison variable.

Malgré ces critiques, ce lit était trouvé très bon par ceux de nos malades qui ne passaient pas tout le jour au lit. Ce qui lui nuisait surtout, c'était la comparaison avec le modèle précédent. Son infériorité disparaît par contre, si l'on envisage ce matériel au point de vue de la facilité du transport. *Deux* lits à fond de toile ont la même épaisseur qu'*un* lit avec sommier, et celui-ci est encore plus long de 10 centimètres ; *deux* lits à fond de toile pèsent ensemble 40 kilos, *un* seul lit à sommier pèse 49 kilos. Enfin, au cas où les garnitures de lit s'égareraient en route, et en temps de guerre cela se voit qu'une partie seulement d'un matériel arrive à destination, grâce à la planchette à rabattement et à la fonçure en toile, on peut à la rigueur coucher des hommes avec leur couverture, tandis que les lits à sommier sont en pareil cas entièrement inutilisables.

Aussi me semble-t-il qu'un hôpital de 100 lits serait bien compris dans lequel on aurait 30 lits à sommiers pour les malades les plus graves et 70 lits à fond de toile pour les moins atteints. On munirait ceux-ci d'une planchette-oreiller à inclinaison variable, et on ajouterait sur les côtés une planchette mobile pour tenir tisanes et potions à portée de la main. Tous ces lits devraient être accompagnés de matelas et de traversins, comme ils le sont déjà de draps de lits et de couvertures ; enfin on pourrait joindre à ce matériel quelques-uns de ces oreillers en caoutchouc qui se gonflent au moyen d'une soupape ; ils sont très souples et surtout ne tiendraient guère plus de place que les enveloppes actuelles.

Brancards. — Les brancards dont nous étions munis étaient d'un modèle très pratique ; nous avons apprécié surtout la tente qui les recouvre, elle nous a permis de débarquer des malades sans leur faire courir de risques, alors que le froid et la pluie nous auraient souvent arrêtés si nous n'avions disposé pour eux de cet abri contre le mauvais temps. De plus, en cas de nécessité, ils servent à coucher provisoirement des malades, si les lits sont tous occupés, et il me souvient d'avoir vu des hôpitaux qui, pendant la campagne de Madagascar, ont dû à ce renfort de couchage peu encombrant de pouvoir abriter 200 malades alors qu'ils disposaient seulement de 100 lits pour les recevoir.

Meubles de salles. — Les meubles de salles comprenant quelques objets essentiels : tables, chaises, tables de nuit, ont pu être fabriqués sur place ou nous ont été fournis par les Sœurs. Les coffres, vidés de leur contenu, ont fait des armoires pour pharmacies de salles très suffisantes. Tout ce matériel très encombrant peut se fabriquer avec les nombreuses caisses d'approvisionnement à mesure qu'elles se vident ; nous pensons toutefois que l'on pourrait joindre avec avantage, au matériel de literie que nous demandons, quelques tabourets pliants en toile et quelques fauteuils pliants de voyage. Ces meubles permettraient de lever quelques heures par jour les malades graves au début de leur convalescence.

Vaisselle pour malades. — Les crachoirs, les cuvettes pour le lavage, les vases de nuit, les chaises percées — (destinés à suppléer aux deux bassins de lit et aux deux seaux hygiéniques prévus qui sont tout à fait insuffisants pour 100 malades), — le matériel de réfectoire : assiettes, gobelets, carafes, etc., ont été très aisément trouvés sur place et ont donné à nos hospitalisés un confortable aussi inaccoutumé qu'inattendu.

Les récipients pour tisanes sont prévus en nombre suffisant, mais il y aurait intérêt à les avoir en métal émaillé ; ils seraient aussi résistants que le fer étamé dont ils sont faits actuellement et n'auraient pas le défaut de donner un goût métallique aux boissons. Nous avons constaté cet inconvénient surtout avec les tisanes vineuses et celles-ci, nous devons le reconnaître, avaient toutes les préférences de nos convalescents.

2º HYGIÈNE GÉNÉRALE. — *Désinfection*. — Au début de notre installation, le service de la désinfection fut assuré avec le concours du transport le *Mytho*. Ce navire resta mouillé tout l'hiver en rade de Nagasaki, et l'Amiral Pottier avait eu la bienveillance de nous autoriser à nous servir

Étuve de désinfection de l'hôpital de Nagasaki.

de son étuve quand nous en aurions besoin. Pourtant, en vue de son départ possible, nous avions fait construire une étuve à désinfection en maçonnerie où nous utilisions les vapeurs sulfureuses. Elle fut placée en un coin du jardin pour écarter tout risque d'incendie, et nous servit à désinfecter les sacs des hommes et le matériel de literie après que le *Mytho* fut parti pour Takou.

Stérilisation des eaux de boisson. — La stérilisation des eaux de boisson ne tient aucune place dans les prévisions des hôpitaux de campagne, elle semble pourtant devoir être indispensable quand les sources, souillées par les passages des troupes, ne donneront plus que des eaux contaminées. Établis dans une grande ville où le service des eaux fonctionnait au mieux, lors de notre arrivée, il semblait que cette préoccupation ne devait pas nous atteindre. Pourtant, dès le début de janvier, nous avons dû, pendant près de deux mois, faire bouillir toutes les eaux employées pour le service de l'hôpital.

La ville de Nagasaki possède un gros barrage fermant toute une vallée où s'accumulent les eaux tombant d'une double rangée de collines boisées. Ces eaux passent, de là, dans des filtres de sable en colonnes où elles se purifient, elles sont recueillies ensuite en un grand réservoir dont l'altitude est suffisante pour permettre leur envoi aux points les plus élevés de la ville et jusqu'à l'hôpital.

En janvier et février, une rupture de la digue, s'ajoutant à une sécheresse très prononcée, arrêta toute distribution, et nous mit dans l'obligation de recourir aux puits et citernes des environs. Le système des fosses fixes est à peu près seul employé pour les fosses d'aisance; nous avions tout lieu de nous méfier de leur étanchéité, et leur voisinage des puits n'était pas pour nous donner confiance. Aussi nous prîmes la décision d'employer uniquement pour le service de l'hôpital des eaux que nous

Le préau de l'hôpital de Nagasaki.

ferions bouillir à défaut d'un autre moyen de stérilisation que nous avions en vain cherché sur place.

Il nous fut très difficile de trouver des récipients de dimension suffisante pour faire bouillir l'eau qui nous était nécessaire; M. Robert Baude, chargé à ce moment de l'administration de l'hôpital en l'absence de M. de Valence parti pour la Chine, eut fort à faire pour nous les procurer. L'Amiral, en attendant que notre installation fût complète, voulut bien, pendant quelque temps, nous faire approvisionner d'eau distillée par les navires de l'Escadre. Enfin, après une semaine et demie de tracas, les marmites fonctionnèrent en nombre, pour remplacer le volume qui nous eût été plus commode, et nous avons pu, depuis lors, donner, sans crainte, de l'eau à boire à nos malades en attendant la fin des réparations faites aux réservoirs. Une épidémie de fièvre typhoïde éclata à ce moment dans la population japonaise et s'étendit au quartier européen, tandis que l'hôpital restait indemne de toute atteinte.

Cette difficulté de se procurer de l'eau potable est permanente dans les pays tropicaux, il sera donc utile de rechercher quelle solution serait la meilleure, filtre ou marmite, qu'il faudrait adopter pour vos futures formations.

Baignoires. — Aux baignoires fixes, logées dans une annexe de l'hôpital, s'ajoutaient très heureusement, pour les bains à donner dans les salles, les baignoires pliantes et portatives faisant partie du matériel que nous avions emporté. Je ne puis que m'associer aux éloges que faisait de ces dernières M. le médecin principal Laffont; nous leur devons, j'en ai la conviction, la vie de plusieurs de nos malades. Toutefois, il serait bon de signaler au fabricant un petit défaut auquel il lui sera facile de remédier : des vis munies de rondelles de caoutchouc fixent le fond au cadre inférieur, elles se rouillent, rongent la toile, et finissent par la percer, au grand détriment de la durée d'utilisation du récipient. Une légère modification rendrait plus durables ces appareils très précieux parce qu'ils sont très maniables.

3° MATÉRIEL MÉDICAL. — On n'a prévu, pour les hôpitaux de campagne, qu'un nombre insuffisant d'instruments pour le service médical; un hôpital d'évacuation dans les campagnes coloniales, ayant pour but de mettre les malades en état de supporter les fatigues d'une longue traversée de retour, devra les soigner jusqu'à guérison presque complète. On le munira donc des objets de première nécessité pour le diagnostic et le traitement des maladies internes aussi bien que chirurgicales. Vous devrez ajouter à la nomenclature, des stéthoscopes, des thermomètres en grand nombre car ils servent beaucoup, sont très fragiles et très difficiles à remplacer; — des seringues à injections sous-cutanées stérilisables; — des tubes de Faucher ou de Debove remplaçant deux des sondes stomacales déjà contenues dans les coffres; — enfin un petit appareil électrique à courants induits qui sera aussi utile au médecin qu'au chirurgien.

Le petit matériel de bactériologie et le microscope que vous aviez bien voulu nous envoyer ce printemps devront désormais faire partie de vos prévisions, ils rendent les recherches cliniques possibles et sont souvent indispensables au diagnostic.

4° MATÉRIEL CHIRURGICAL. — Autant le service médical est pauvre, autant le service chirurgical se trouve abondamment fourni. Au matériel prévu par la nomenclature, vous aviez encore ajouté une étuve à stérilisation et des tables d'opérations métalliques pour remplacer les tables en bois du début. Tout cela était parfait, très pratique, faisait le meilleur usage et la meilleure figure dans notre salle d'opérations. Celle-ci, du reste, avait été particulièrement soignée; elle était aisément lavable, étant entièrement garnie de linoléum, et très suffisamment grande, les objets de pansement, les étuves et les réserves, ayant été placés dans une petite salle contiguë toute garnie d'étagères.

Si elle ne se pouvait comparer aux palais que l'on élève aujourd'hui à la chirurgie, elle était très convenable pour une formation passagère et nous étions très fiers de la montrer.

Pourtant, comme on a prévu seulement la chirurgie d'urgence, quelques objets manquent encore ; ce sont : les quelques instruments indispensables pour les maladies des dents, des oreilles, des yeux, du larynx et du nez. Ils nous auraient bien fait défaut si l'un de nous n'avait eu la bonne fortune d'emporter en Chine ceux qu'il possédait. Quelques marmites de dimensions diverses s'emboîtant, un petit fourneau à pétrole portatif permettraient d'avoir de l'eau bouillie à proximité de la salle d'opérations. Des souffleries et de l'essence pour les rechanges du thermocautère ; enfin quelques bougies Béniqué pour lesquelles nous avons dû recourir à l'inépuisable bienveillance du *Redoutable*, telles sont les quelques lacunes qu'il nous a été permis de constater.

5° MATÉRIEL PHARMACEUTIQUE. — Le matériel de la pharmacie devra aussi s'augmenter de quelques objets : un pilulier, un nécessaire pour les analyses d'urine, des tubes à essais, sont particulièrement indispensables ; nous avons pu nous les procurer sur place, mais c'est une circonstance heureuse sur laquelle il ne faut pas compter.

Les médicaments devront être prévus différents, suivant les contrées où se fera l'expédition : nous étions très abondamment pourvus, grâce à tout l'approvisionnement ajouté au contenu des coffres par votre Comité médical. Nous avons eu à traiter des maladies chroniques ou à remettre sur pied des convalescents, ce sera souvent le rôle de vos hôpitaux d'évacuation.

Les affections aiguës s'opposent au transport des malades qui resteront dans les formations de l'avant. C'est donc pour cette éventualité qu'il faudra faire des prévisions. On ne saurait les baser sur la campagne de Chine, celle-ci se faisant remarquer surtout par la bonne santé qui n'a cessé de régner dans le Corps expéditionnaire.

III. — Du Fonctionnement.

L'hôpital de Nagasaki, dont l'organisation avait été calquée sur celle des hôpitaux militaires, a fonctionné très régulièrement pendant les huit mois qu'a duré son existence. La discipline y avait été établie par M. le D' Laffont ; elle était assez stricte mais mitigée par la bienveillance que l'on doit à des malades. Si leur état de santé rend les hommes inquiets et quelquefois aigris, il les fait aussi semblables à des enfants, et, à ce titre, ils méritent d'être plus souvent grondés que punis. Pendant ces longs mois, nous avons eu une seule fois l'occasion de demander une punition à l'Amiral, il la voulut exemplaire et enleva l'homme de l'hôpital. Depuis, tout marcha à souhait sans que nous ayons eu jamais à sévir.

Je n'entrerai pas dans le détail des consignes ou de la marche de l'hôpital, pourtant je noterai en quelques mots la vie de nos malades pendant une journée ; mieux que de longues explications, elle vous fera voir son fonctionnement.

Que leur provenance fût la Chine, — et alors vos Délégués allaient les chercher à bord du paquebot, — ou qu'ils nous fussent envoyés des navires sur rade, les malades, dès leur arrivée, étaient inscrits sur un registre contenant les multiples indications suivantes : Numéro d'ordre ; Nom et prénom ; spécialité ; corps, service ou bâtiment ; numéro matricule ; grade ; diagnostic ; date de l'entrée ; date de la sortie ; destination à la sortie ; adresse de la famille.

Pour si nombreuses qu'elles paraissent, toutes ces indications nous étaient nécessaires. Elles nous permettaient de donner aux corps et aux familles tous les renseignements que l'on nous demandait si souvent, concernant les hommes ayant passé par votre formation.

Pendant que l'on établissait sa feuille de clinique, — qui portait en tête presque toutes ces mêmes indications, — le malade était conduit dans une salle, un lit lui était désigné et l'on prenait sa température. Son sac et ses habits étaient portés aux Délégués, ils en faisaient l'inventaire, envoyaient au blanchissage tout ce qui en avait besoin, et mettaient le reste dans un magasin réservé à cet usage. En même temps, la prescription provisoire était faite, en attendant la visite, par un des médecins, — chacun à son tour restant de garde en permanence, — enfin le malade était immédiatement envoyé aux bains, au cas où son état de santé permettait ce soin de propreté.

La journée à l'hôpital commençait à 6 heures, on apportait alors dans les salles un petit déjeuner composé de lait, de chocolat ou de bouillon, suivant que le voulaient les prescriptions médicales. — A 8 heures avait lieu la visite suivie de la distribution des médicaments et de l'application des pansements qui venaient d'être ordonnés. Ces derniers étaient ordinairement faits par le médecin dans la salle aux pansements, dès qu'ils avaient quelque importance. — A 10 heures, on sonnait le déjeuner pour tous les malades pouvant se lever, tandis que, sur de grands plateaux portés par les bonnes japonaises, les Sœurs distribuaient dans les diverses salles la nourriture aux malades soumis à un régime plus sévère.

La salle de jeu, la cour avec sa vue merveilleuse, occupaient nos malades jusqu'à 3 heures, la contre-visite les rappelant alors. — A 5 h. 1/2, le dîner était servi, — et, à 8 h. 1/2 enfin, la distribution des tisanes de la nuit sonnait aussi pour tous l'heure du coucher.

Le mode le plus ordinaire de sortie de l'hôpital était le retour vers la France, le Commandement ayant jugé inutile de remettre en ligne des hommes fatigués. Pour le rendre facile, l'Amiral avait établi à Nagasaki M. le Lieutenant de vaisseau Martinie, qui remplissait les fonctions de Commandant d'armes. Cet officier, connaissant parfaitement la langue et les mœurs japonaises, rendait de grands services à notre formation, dès que nous avions affaire avec les Autorités du pays. Le dégrèvement des droits des douanes, que nous avions demandé pour notre matériel, les négociations longues et difficiles auxquelles donna lieu la demande de concession d'un terrain pour y établir le cimetière, mirent surtout son obligeance à l'épreuve et elle ne nous fit jamais défaut.

Dès que nos hospitalisés étaient en état de supporter le voyage de retour, la liste en était remise au Commandant d'armes, il faisait établir des réquisitions pour les paquebots, puis l'évacuation se faisait par les soins des Délégués.

Les vêtements des rapatriés ayant été complétés grâce à vos envois, des charrettes venaient prendre leur sac et leurs bagages, tandis que les jinrischas emportaient les malades que leur faiblesse ou des blessures mettaient encore dans l'impossibilité de faire une aussi longue route à pied; puis les valides se dirigeaient vers le port. Pour témoigner leur reconnaissance à cette maison où ils avaient recouvré la santé, leurs larmes coulaient fréquentes au moment du départ, ou leurs acclamations joyeuses saluaient le nom de votre Société.

Enfin, quand le paquebot qui les rapatriait traversant la rade, passait sous la terrasse, d'où ceux qui restaient suivaient sa marche avec de longs regards d'envie, les mouchoirs s'agitaient tant que le navire restait visible et le pavillon de la Croix-Rouge descendait lentement pour répondre à leur dernier adieu.

Lorsque des décès se produisirent, l'éloignement du cimetière obligea à

Une partie de cartes à l'hôpital de Nagasaki.

faire construire une sorte de chariot permettant de transporter les morts au lieu lointain de leur repos. Les navires sur rade prévenus par nos soins envoyaient des détachements rendre les derniers honneurs, et vos Délégués conduisaient le deuil au nom de la Société.

Les successions étaient remises par les soins du Délégué entre les mains du Consul de France, et de longues lettres allaient donner aux malheureux parents ces tristes détails dont on est si avide et qui adoucissent les douleurs tout en les renouvelant.

Dans la Lingerie s'entassaient toutes les richesses envoyées par la Société. Les premiers temps surtout, bien des hommes nous arrivèrent ayant perdu leur sac et n'ayant d'autres vêtements que ceux qu'ils portaient. Il fallait au plus vite les habiller, la température fraîchissait et la route devait être longue vers la France. Ils furent pourvus aussi complètement qu'ils le pouvaient désirer, et je vois encore M. Baude et M. de

Valence, à genoux dans les salles, essayant aux hommes leurs chaussures de départ.

La confection des menus était aussi un des soucis de vos Délégués ; avec l'aide des Sœurs, ils s'ingéniaient à varier la nourriture et ils y parvenaient au gré de leurs clients. Les ressources de Nagasaki étaient très abondantes : les viandes de bœuf et de veau de très bonne qualité, de délicieux poissons, des volailles de toutes sortes, tous les légumes de France, des fruits enfin, surtout des oranges, des pommes et des poires, composaient des menus aussi variés que bien préparés. Si la chair était choisie elle était aussi copieuse, et ce confort inaccoutumé, donnant rapidement des forces aux convalescents, les rendait capables de supporter sans dommage les longues fatigues du retour.

Les rapports avec les Autorités militaires ont été rendus plus faciles par l'extrême bienveillance que le Commandement nous a montrée. Dans la bousculade des premières installations on n'avait su quel poste nous attribuer, mais, dès que l'hôpital fut installé à Nagasaki, il se mit aussitôt à fonctionner normalement, car il y remplissait les obligations dévolues naturellement aux formations de la Société de Secours aux Blessés. Les *ambulances de gare* sont dans ses attributions, et qu'était-ce autre chose que cet hôpital que nous occupions tout à fait sur l'arrière de la ligne des étapes?

Quand les malades, évacués par les formations régulières de Chine, arrivaient à Takou, on les embarquait sur un paquebot-annexe des Messageries Maritimes, en correspondance à Nagasaki avec les navires de la grande ligne allant à Marseille.

Après un voyage de quelques jours, les passagers avaient ainsi un arrêt de quarante-huit heures au Japon. Pendant ce séjour, ceux qui ayant trop présumé de leurs forces ou ayant abusé d'un régime trop substantiel avaient rechuté et ne pouvaient continuer leur route trouvaient chez vous une sorte d'ambulance de gare maritime où ils achevaient de se guérir avant de reprendre leur voyage.

De même les transports-hôpitaux touchant à Nagasaki nous laissaient les malades trop atteints qu'il y eût eu danger à exposer aux fatigues de la mer, même sur ces navires où tout est organisé pour recevoir des malades graves.

Les paquebots nous unissant à la côte de Chine deux fois par mois, nous adressions tous les quinze jours au Commandement les états dont vous trouverez ci-joint les modèles. Il en était de même pour l'Escadre de l'Extrême-Orient, mais nous avons eu avec cette force navale des rapports autrement fréquents.

Pendant tout l'hiver le *Redoutable*, portant le pavillon de l'Amiral Pottier, est resté mouillé en rade de Nagasaki entouré de tous les bâtiments que les besoins du service ne retenaient pas dans les eaux glacées du Pei-Tché-Li. Nous avons été l'hôpital indispensable à ces navires où rien n'est installé pour conserver à bord des malades sérieusement atteints. Les évacuations qu'ils nous faisaient étaient presque quotidiennes, la moitié des hommes que nous avons hospitalisés appartenaient à la Marine. Ils n'auraient pu trouver un meilleur abri, car, dans la formation, tout le monde avait à cœur de montrer à l'Amiral toute la reconnaissance que nous inspirait la continuelle et active bienveillance dont il nous a donné tant de preuves.

C'est sur ses conseils que l'hôpital de Nagasaki avait été ouvert; c'est par ses ordres que la *Vive* nous a cédé, à nos débuts, des matelas et des traversins, qu'elle nous a prêté quatre matelots pour aider au service; que le *Mytho* nous a laissé faire usage de son étuve à désinfection; que le *Redoutable* nous a fourni de l'eau distillée quand les fontaines de la ville ne coulaient plus; que les embarcations de l'Escadre transportaient nos malades à bord des paquebots; que la musique enfin venait deux fois par

Un coin de la Lingerie de l'hôpital de Nagasaki.

semaine jouer dans la cour de l'hôpital ses meilleurs morceaux. Je laisse à plus autorisé que moi le soin de vous dire que par ses réquisitions vos envois parvenaient aisément en Chine, et vos Délégués trouvaient passage sur ses croiseurs. On vous dira le détail de tout ce qu'il a fait pour votre Œuvre, et vous connaîtrez ainsi les motifs de toute notre respectueuse et reconnaissante admiration.

IV. — Des Malades.

Je n'ai pas l'intention, mon Général, d'entrer dans le détail des maladies que nous avons traitées, tous les renseignements se trouvant dans les états

NOTA. — Tous les états statistiques et tableaux détaillés des maladies et affections chirurgicales observées et des malades et blessés traités par la Société française de Secours aux Blessés dans ses formations sanitaires (Bateau-ambulance et Hôpital de Nagasaki) en Chine et au Japon sont déposés au Secrétariat général, rue Matignon, où ils peuvent être consultés.

de statistique que je joins à ce rapport. Je tiens pourtant à noter quelques faits généraux qui méritent de retenir votre attention.

Pendant les huit mois de son fonctionnement, l'hôpital de Nagasaki a reçu **423** *malades ayant fourni* **14802** *journées de traitement*, soit environ 35 journées par malade.

Quand il s'agit d'une campagne de guerre on voit toujours des ambulances pleines de blessés et l'esprit s'arrête à peine aux quelques cas de maladies que l'on pense pouvoir exister. Dans notre formation l'inverse s'est produit, — il est vrai qu'après les combats de juillet on n'a guère eu l'occasion de rencontrer des ennemis, — aussi les maladies internes s'élèvent-elles à 80 pour 100, et les maladies chirurgicales seulement à 12 pour 100 du nombre total des malades traités.

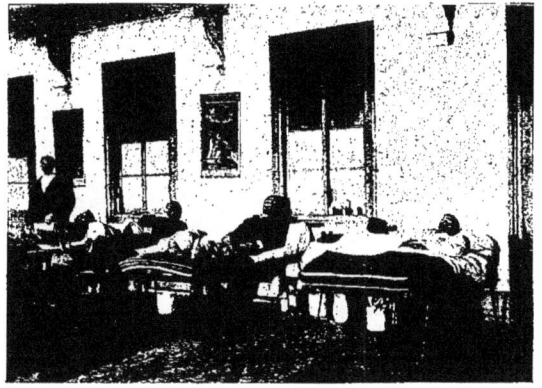

Une salle de malades.

Parmi les *maladies internes*, la plus fréquente fut la dysenterie; elle représente près du quart des malades entrés à l'hôpital, elle a surtout régné au début, pendant le siège de Tien-Tsin et la marche sur Pékin. Pendant cette période, les troupes ne trouvaient d'autre eau à boire que celle du Peï-Ho, ou celle plus horrible encore de puits et de mares infectés par des cadavres, et les appareils distillatoires ne fonctionnaient pas encore grâce auxquels l'état sanitaire est resté si bon dans un pays où toutes les eaux sont contaminées.

Les troupes de la première heure appartenaient à l'infanterie de marine, appelées d'urgence de la Cochinchine et déjà fatiguées par ce climat, elles ont offert moins de résistance aux fatigues de la campagne. La plus grande partie du 9e régiment fondit dans les hôpitaux et, au moment où nous nous installions au Japon, on nous évacua les derniers. Aussi est-ce de novembre à décembre que nous avons reçu tous nos dysentériques.

Le climat de Nagasaki s'est montré très favorable à la cure de cette affection; nous avions l'avantage d'y trouver un lait délicieux, il nous a permis de remettre sur pieds à peu près tous ces malades.

Pourtant, en décembre, nous avons eu un moment pénible : la peste bovine avait éclaté dans les laiteries où nous nous fournissions détruisant la plupart des animaux, et les Autorités japonaises faisaient abattre le reste pour empêcher la propagation de cette épidémie. Il nous fallut réserver pour la boisson le peu de lait frais que l'on arrivait à se procurer, et user de lait de conserve pour les laitages de toute sorte formant la base de l'alimentation des malades au régime. Peu à peu, les mesures énergiques du Service sanitaire amélioraient la situation, bientôt l'hôpital fut de nouveau abondamment pourvu et votre Délégué put même entreprendre, en votre nom, la fourniture gratuite des bâtiments-hôpitaux et des infirmeries de bord, auxquels il envoyait tous les matins le lait nécessaire au traitement de leurs malades.

Autre salle de malades.

Le climat, le lait et aussi le champagne dont nous usions abondamment, nous ont permis de guérir les cas de dysenterie que nous avons eu à traiter à l'hôpital. Nous n'avons pas abusé des médicaments, estimant que chez ces hommes jeunes la nature devait suffire à produire la guérison si nous les mettions à même de dominer leur maladie.

Quelques-uns, très gravement atteints, furent assez longs à se remettre: tel fut le cas d'un artilleur, le nommé B..., dont je veux vous dire l'histoire. Il avait été évacué en juillet par un des navires de la Croix-Rouge japonaise sur l'hôpital japonais de Hiéroshima, au moment où nos ambulances ne pouvaient suffire à leur besogne. Il y fut traité jusqu'au commencement de décembre, sans succès peut-on dire, puisqu'on nous l'adressait, le croyant perdu, pour lui permettre de mourir au milieu des siens. Quand il nous vint, c'était un squelette vivant : avec une taille de 1 m. 80, il pesait 48 kilogrammes. La dysenterie le minait, il était incapable de prendre aucun aliment et vomissait tout, même le lait. Le champagne lui plut, le soutint et pendant deux mois il vécut, mais très faible, ne pouvant quitter son lit. Vers la fin de février, son teint s'éclaircit et nous reprîmes un peu d'espoir. La situation s'améliora lentement; le 8 mars on le pesa de nouveau, son poids s'élevait à 58 kilos, il y avait trois mois qu'il était à l'hôpital. L'amélioration si lente à obtenir se précipitait désormais : le 12 mars, son poids est de 63 kilogr.; le 19 de 66 kilogr.; le 25 de 70 kilogr.; le 1er avril de 77 kilogr., et il augmente quotidiennement pour arriver au début de mai, au moment de son évacuation sur la France, au joli poids de 85 kilos ! S'il revenait de loin, il n'était pas besoin de le lui dire et le brave garçon a voué à la Croix-Rouge une grande reconnaissance.

Il en est de même d'un quartier-maître de la Marine, le nommé Le G..., qui doit, lui aussi, la vie à son passage par votre hôpital. Il nous venait

Adjudant de zouaves
amputé de la cuisse après l'affaire de Chan-Hai-Kouan.

encore de Hiéroshima, il y avait fait un très long séjour et nous était adressé, tout comme B..., pour qu'il pût mourir dans un milieu français. Il avait été évacué sur le Japon pour une dysenterie rebelle, il avait vomi un abcès du foie méconnu, et depuis il rendait du pus sanglant à pleine bouche, s'affaiblissant un peu chaque jour. Je me souviens encore de l'effet qu'il fit à son arrivée sur vos Délégués qui le croyaient vraiment perdu. Son poids était de 47 kilogr. le jour de son entrée. Il vivota pendant quelques jours, prenant seulement du champage, du lait et un peu d'huile de foie de morue. Pourtant l'appétit renaît, les forces semblent revenir : le 5 décembre il pèse 51 kilogr.; le 15, 55 kilogr.; le 21, 60; le 5 janvier, 65, et le 10 du même mois, 71 kilogr. Le poids ne changea plus jusqu'à son évacuation, mais en même temps l'état général s'améliorait et la suppuration avait complètement tari.

Cette guérison, comme la précédente, est due au grand bien-être donné à nos malades, comme aussi aux effets bienfaisants du régime. A ce dernier nous devons, parmi bien d'autres, la remise sur pieds d'un Officier général, venu, dans les derniers jours du fonctionnement de votre hôpital, demander au Japon le rétablissement d'une santé fortement compromise. En quinze jours, avec l'aide du massage japonais, il vit revenir ses forces disparues et put regagner plus d'une livre par jour tant que dura son traitement.

Le massage japonais nous a donné d'excellents résultats chaque fois que nous l'avons employé : il est plus superficiel que le massage européen, et excite la nutrition sans donner autant de fatigue. Dans ce pays les aveugles sont spécialement dressés au massage par des maîtres très instruits

Un blessé de la marche sur Pékin.

qui leur apprennent plus de technique que de théorie et en font de très bons praticiens. Ils sont mis ainsi à même, non seulement de gagner leur existence, mais encore de faire de petites fortunes, et cela vaut mieux que de laisser ces malheureux inutiles ou d'en faire des mendiants des rues.

Si nous n'avons pas consommé de grandes quantités de médicaments, nous avons été par contre très exigeants pour la cuisine. En dehors de toutes les prescriptions culinaires faites par les médecins traitants, nous avions établi les six régimes suivants : 1º la *diète* pour les maladies aiguës, elle ne permettait que le bouillon et quelques gelées ; 2º la diète lactée, composée, comme son nom l'indique, uniquement de lait ; 3º le régime lacté comprenait du lait comme boisson et comme aliments tous les laitages ; 4º le régime léger mitigé dans lequel le poisson frais et les œufs faisaient leur apparition ; 5º le régime léger complet avec des viandes blanches et un peu de pain ; 6º enfin le régime ordinaire. Ce dernier s'adressait aux convalescents et l'on faisait appel pour lui à tout ce que fournissait de meilleur le marché de Nagasaki.

Après la dysenterie, la tuberculose nous a fourni les malades les plus nombreux. Nous nous attachions surtout à les mettre à même de reprendre leur voyage de retour le plus tôt possible, par une suralimentation méthodique, car le climat du Japon imprime une marche très rapide à cette affection.

Au moment de notre départ de France, l'Institut Pasteur avait bien voulu nous donner un grand approvisionnement de sérums, ils nous ont rendu de réels services. Des angines diphtéritiques furent arrêtées grâce à eux aussi bien à bord qu'à l'hôpital à terre, et j'estime qu'un cas de tétanos a pu guérir grâce aux doses massives de sérum antitétanique dont nous pouvions disposer.

Un matin, un matelot nous était envoyé de l'aviso l'*Alouette*, il avait les mâchoires serrées, la nuque raidie et des convulsions toniques des membres inférieurs; il avait fait quelques jours avant une chute dans la poussière et en gardait encore des traces car il avait quelques plaies sur la figure. Une très forte dose de sérum fut immédiatement injectée et la même médication fut continuée pendant plusieurs jours. Tous les muscles se prirent, ceux des jambes, de l'abdomen, du thorax, s'immobilisèrent successivement par bonheur, et le malade pouvait sortir de l'hôpital un mois après, complètement guéri.

Quatre cas de rage ont encore pu être traités, mais ceux-ci en dehors de l'hôpital. Il existe à Nagasaki un Institut antirabique japonais; nous avons été trop heureux de nous adresser à lui le jour où nous avons reçu de Pékin un malade mordu depuis un mois déjà par un chien enragé. On nous l'envoyait avec ordre de le diriger sur Saïgon, au cas où le Japon n'aurait pas présenté les ressources suffisantes. Elles existaient sur place et nous les avons utilisées. Les malades étaient logés et nourris à l'hôpital: ils se rendaient à l'Institut tous les matins. Comme il était très loin de la ville on payait les frais du transport en jinrischa, et aussi ceux du traitement auquel allait assister, au début, un de nos médecins, il servait d'interprète et mettait les patients au courant de ce qu'ils avaient à faire.

Les *maladies chirurgicales* nous ont donné à traiter surtout les accidents communs à bord des navires et aussi quelques blessures de guerre, celles-ci provenant pour la plupart de l'hôpital de Hiéroshima évacué fin décembre sur l'hôpital de Nagasaki. Au printemps arrivèrent les blessés de la fâcheuse méprise de Chan-Haï-Kouan; les froids de l'hiver ayant empêché l'évacuation immédiate après l'accident, ils étaient presque tous guéris, seules les complications des blessures osseuses eurent besoin d'un long traitement. Les plaies des os se sont montrées très graves chez tous les blessés de la guerre de Chine. En visitant un hôpital militaire japonais, neuf mois après les combats de la gare à Tien-Tsin, nous avons trouvé un grand nombre de soldats blessés dans cette affaire, encore en traitement pour des plaies osseuses, tandis que les plaies des tissus avaient guéri en quelques jours sans complications.

L'approvisionnement très complet de vos hôpitaux en objets de pansement nous a permis de suffire très largement aux nécessités du service chirurgical ; le confortable dont nous avons pu entourer les blessés leur a permis de faire plus aisément les frais de réparations osseuses, aussi nous avons pu les renvoyer en France, étant déjà presque tous complètement guéris.

CONCLUSIONS.

Tel a été, mon Général, dans ses grandes lignes, l'hôpital créé au Japon par la *Société française de Secours aux Blessés militaires*.

Avec les richesses dont il disposait, il était prêt à rendre des services bien plus considérables, mais nous ne saurions nous plaindre que le Corps expéditionnaire de Chine se soit bien porté. Les mesures d'hygiène avaient été très bien prises ; aussi, la période d'installation terminée, quand tout fonctionna normalement, la morbidité tomba à un taux inférieur à celle des garnisons de France. Si le Commandement nous avait retenus par crainte des maladies que pourraient ramener les chaleurs, l'état sanitaire continuant aussi bon quand elles furent revenues, nous sommes partis au moment où nous n'aurions plus eu qu'à nous croiser les bras.

L'œuvre de la Société ne s'est pas bornée à la création de cet hôpital, elle a été multiple. Nous avons pu en étendre le champ en donnant nos soins aux Sœurs et aux Missionnaires du diocèse de Nagasaki, trop heureux de venir se faire traiter par des compatriotes. Nous aurions aussi voulu créer un dispensaire gratuit destiné à soigner les Japonais pauvres, et montrer ainsi notre reconnaissance pour l'hospitalité gracieuse qui nous était offerte. Des règlements administratifs très stricts s'opposèrent à la demande qui en avait été faite.

Le matériel restant au moment de la fermeture de l'hôpital fut envoyé, partie aux Sœurs françaises de la léproserie de Kumamoto, partie aux ambulances de Chine.

Les appareils de stérilisation, le laboratoire de bactériologie ont été adressés, avec l'autorisation et au nom de la Société, à l'hôpital français en construction à Pékin. Ces instruments serviront à soigner les soldats de la garde des Légations, et continueront en Chine, après le départ de votre formation régulière, votre œuvre d'assistance aux militaires français.

Votre Délégué vous dira que votre action fut encore plus large, car elle remit en honneur, dans toute cette partie du Japon, tout ce qui touchait à la France. Tout Japonais, en passant devant nos portes, épelait ce nom : « *Hôpital Français* » bientôt connu de tout Nagasaki, et dans toutes les boutiques on s'essayait à apprendre notre langue.

Si sa modestie ne l'empêche pas de vous donner tous les détails de la création du Cimetière, vous saurez, — après les semaines de diplomatie employées à obtenir le terrain, les exhumations faites sous des torrents de pluie, les courses sans nombre pour presser les ouvriers et pousser la construction du monument, — comment il a pu s'en aller content, son œuvre étant achevée. Il a laissé tous les Soldats et Marins français dormant côte à côte sur une terre devenue française, à l'abri d'une croix que la *Marine*, le *Souvenir français* et la *Société de secours aux Blessés militaires* ont dressée pour eux.

Enfin, votre initiative hardie a montré que, pendant les campagnes lointaines, les Croix-Rouges peuvent rendre d'autres services que d'expédier des caisses de douceurs, parvenant, quand elles le peuvent, à leurs destinataires.

Vous avez prolongé sur les grandes lignes de nos paquebots cette œuvre de secours dont, en temps de guerre, vous avez la charge dans les gares, et fait voir à tous la voie qu'il faudra suivre demain quand nous organiserons notre « plus grande France ».

A Nagasaki, 7 juillet 1901.

Le Médecin de 1re classe de la Marine,

Signé : « Dr LABADENS. »

Personnel et Malades de l'hôpital de Nagasaki. — Juin 1901.

CHAPITRE V

Rapport d'ensemble sur l'Expédition de la Croix-Rouge française en Chine et au Japon, par M. de VALENCE, membre du Conseil central, Délégué général de la Société en Chine.

Mon Général,

Le 10 août 1900, un groupe d'hommes, portant les insignes de la Croix-Rouge française, s'embarquait à Marseille sur le vapeur *Notre-Dame-de-Salut* en partance pour l'Extrême-Orient. Tout un personnel médical et hospitalier, médecins de la Marine et médecins civils, pharmaciens, infirmiers, aumôniers, Filles de la Charité, les accompagnait. Ces hommes étaient vos Délégués, ce personnel celui de vos Formations sanitaires, qui sous la conduite de ces Délégués allaient rejoindre le Corps expéditionnaire de Chine. Jamais pareille entreprise n'avait encore été tentée hors de France par votre Société.

Origine de l'entreprise. — Dans les précédentes expéditions, en effet, le rôle de la Croix-Rouge française s'était borné à envoyer aux troupes des dons, objets délicats et fragiles, exposés sur leur route à bien des convoitises, sujets à de fréquents accidents. Il avait fallu l'entreprenante initiative d'un homme de cœur, jeune, rompu à la pratique des lointains voyages, secondé par la généreuse ardeur d'une femme dévouée à toutes les œuvres charitables et patriotiques, pour suggérer à *la Société de Secours aux Blessés militaires* le projet, adopté par elle avec enthousiasme, d'affréter un bateau-hôpital muni d'un nombreux personnel et d'un matériel considérable, se prêtant à la fois au fonctionnement d'un hôpital à bord et, si besoin était, à l'installation à terre d'une ambulance.

La décision prise, une Commission était nommée, l'éminent Président de la Société en dirigeait lui-même les délibérations ; par son initiative un appel adressé au public faisait affluer Rue Matignon les dons en nature et l'argent. En trois semaines, matériel et personnel, tout était prêt, l'activité et le dévouement du Secrétaire général de la Société avaient fait des miracles.

Incertitudes et difficultés des débuts. — Pour généreuse et hardie que fût l'entreprise, elle n'en paraissait pas moins hérissée de difficultés et pleine d'inconnu, et la grandeur de la tâche n'avait d'égal que l'inexpérience de

NOTA. — Le portrait de M. de Valence, Délégué général de la Société, a été placé après la Préface.

ceux auxquels la Société confiait l'honneur de la diriger. Où et comment s'installerait-on? Quelle part serait faite à la Croix-Rouge dans les formations sanitaires de campagne? Quels obstacles n'apporterait pas, à bref délai, au fonctionnement de l'hôpital flottant, la fermeture du Peï-Ho par les glaces? Enfin, ajoutait-on, à mesure que se déroulait la pénible odyssée du *Notre-Dame-de-Salut* sur les mers de l'Inde et de la Chine, serait-il même possible de convertir en bateau-hôpital cet affrété, fréquemment arrêté en cours de route par des avaries, et dont la désinfection, nécessitée par la présence à bord de 250 chevaux ou mulets, nous créait une sérieuse complication.

Le « *Redoutable* » Vaisseau-Amiral.

L'Arrivée à Takou. — Ces préoccupations nous accompagnèrent jusqu'à notre arrivée à Takou où le *Notre-Dame-de-Salut* mouillait enfin le samedi, 29 septembre, après 49 jours de traversée.

Le même jour nous nous rendions à bord du *Redoutable* pour nous mettre à la disposition de M. le Vice-Amiral Pottier.

L'Amiral Pottier. — L'accueil du Commandant en chef de l'Escadre de l'Extrême-Orient fût plein de sympathie et de bonté et, dès cet instant, vos Délégués sentirent qu'ils trouveraient en lui l'appui le plus complet. L'Amiral leur en donna du reste formellement l'assurance à la première visite qu'il fit au *Notre-Dame-de-Salut* : « *Je viens ici, leur dit-il, non seulement en ami, mais aussi pour remercier votre Société de l'envoi de son bateau-hôpital et du précieux concours qu'elle apporte au Corps expéditionnaire. Je vous prie de le lui faire savoir* ».

Cette bonté sans égale, dont l'Amiral ne cessa de combler par la suite les représentants de la Société, pouvait bien aider ces derniers à résoudre le problème qui se posait devant eux, elle ne le supprimait pas. Ils en eurent la preuve à leur premier voyage, le 30 septembre, à Tien-Tsin. Accueillis avec la plus grande courtoisie par le Général Voyron, commandant en chef du Corps expéditionnaire, vos Délégués durent cependant retourner à Takou sans avoir obtenu l'assurance si vivement désirée, de voir leur concours utilisé par le Service de santé. Plusieurs jours se passèrent de la sorte sans que la situation s'éclaircît.

Nettoyage et Transformation du bateau. — Sur le *Notre-Dame-de-Salut* cependant on ne restait pas inactif. Dès le 2 octobre, aussitôt le débarque-

Départ du Délégué général sur le *Bengali* pour Tien-Tsin
(30 septembre 1900).

ment du matériel de guerre terminé, le nettoyage du bateau commençait. Pendant que l'équipage démolissait les boxes et lavait à grande eau les faux-ponts et les cales, les infirmiers de la marine nettoyaient les cabines, passaient la literie à l'étuve et exécutaient pour la désinfection du bateau toute une série d'opérations, dont le détail a été donné à la Société dans le rapport si savamment documenté de M. le docteur Laffont[1]. Simultanément le personnel infirmier civil procédait au déballage de l'hôpital 17, triait les caisses, et remplissait la cambuse de toutes les richesses apportées de France.

Le nettoyage terminé, on passa à l'aménagement des locaux. La pharmacie s'installa dans le salon en rotonde de l'arrière, la tisanerie dans un office; la lingerie organisée par les Sœurs occupait deux grandes cabines à huit couchettes; une moitié de la chapelle, séparée de l'autre par une cloison mobile, devait servir de salle d'opération; enfin trois

---

1. Voir page 19.

grandes salles ainsi que les cabines étaient aménagées pour le service des malades.

Le 18 octobre, la Croix-Rouge prenait officiellement possession du *Notre-Dame-de-Salut*, elle était prête à fonctionner.

Voyage du Vicomte de Nantois à Nagasaki. — Sur ces entrefaites la Providence permit que l'un d'entre nous fût envoyé au Japon pour compléter les approvisionnements nécessaires au fonctionnement du bateau-hôpital. Le 5 octobre, le Vicomte de Nantois prenait passage sur le *d'Entrecasteaux* et partait pour Nagasaki. Il en revenait le 19 sur l'*Eridan* et, dès son retour, nous faisait part de l'impression qu'il rapportait de sa visite à l'hôpital militaire français établi dans cette ville. Par suite de l'insuffisance de ses ressources, cet hôpital se trouvait à la veille d'être fermé. Le rapport envoyé à l'Amiral par le Contre-Amiral Courrejolles, celui du docteur Mercier, médecin en chef de la 2e division de l'Escadre ne laissaient pas de doutes à ce sujet. Cependant l'utilité du maintien de cette formation ne paraissait pas contestable, tout la motivait : un climat parfait, un local magnifique, de grandes facilités de ravitaillement. On savait de plus que les Sœurs du Saint-Enfant-Jésus de Chauffailles, propriétaires de l'établissement, étaient toutes disposées à en céder la jouissance à la Croix-Rouge. Pourquoi dès lors ne pas l'y installer? Immédiatement présentée à l'Amiral, la nouvelle combinaison est adoptée par lui, le Général Voyron l'approuve, le Conseil central de la Société consulté câble son consentement; bref, le 31 octobre, le *Notre-Dame-de-Salut* appareille pour Nagasaki avec 160 malades, qui lui ont été fournis partie par le *Vinh-Long*, partie par la terre. La mission de la Croix-Rouge française en Extrême-Orient était enfin officiellement commencée.

Fonctionnement du Bateau-Hôpital. — A leur arrivée à bord du *Notre-Dame-de-Salut*, les malades avaient été répartis entre les deux grandes salles de l'avant et les cabines; en même temps le personnel était constitué ainsi qu'il suit : médecin-chef, docteur Laffont, médecin principal de la Marine. — Service des salles: docteur Labadens, médecin de 1re classe de la Marine; docteur Lafaurie, médecin de 2e classe de la Marine; docteur Herr, ancien médecin militaire. — Service chirurgical : MM. Le Roy des Barres et Assicot, internes de l'Hôtel-Dieu. — Pharmacie : M. Tissier, interne en pharmacie, et M. Venture. — Aumônier, le Père Yves Hamon. — Les infirmiers divisés en trois groupes faisaient le service de nuit par quart. — Les Sœurs s'occupaient de la lingerie, donnaient les potions, présidaient aux repas et surveillaient les salles.

La cuisine avait été placée dans les attributions du Vicomte de Nantois, et ce n'était pas une mince besogne que celle de ce maître de maison, chargé de nourrir 200 bouches, d'assurer le ravitaillement, de préparer les menus, de faire fonctionner les différents régimes. Votre Délégué s'acquitta de cette tâche à la satisfaction générale; ses menus mériteraient de prendre place dans les archives de l'expédition de la Croix-Rouge en Chine.

Le second lieutenant du bord, M. Gary, s'occupait de la distribution des vivres, des acquisitions, de la comptabilité, fonctions absorbantes et délicates où il se révéla comme un employé modèle, parfaitement secondé du reste par un des membres civils de la mission Francis Dansaërt. Le bord avait fourni son chef, deux aides, un boulanger, un boucher, et quatre garçons de service. Douze coolies chinois, choisis par le Procureur des PP. Jésuites de Tien-Tsin, le Père du Cray, complétaient le personnel subalterne.

Toute cette organisation ne fonctionnait pas trop mal. A 6 heures du matin on ouvrait les salles et le service de propreté commençait. A 7 heures premier déjeuner des malades, à 8 heures visite, à 10 heures deuxième déjeuner. L'après-midi, les mieux portants montaient sur le pont.

L'hôpital de Nagasaki vu de la rade.

les uns jouaient aux cartes, aux dominos, au loto, d'autres lisaient, étendus sur des chaises longues, cadeaux des officiers qui avaient fait la traversée avec nous. A 4 heures contre-visite, dîner des malades à 5 heures, à 7 heures et demie tout le monde était couché, les conversations cessaient, rien ne troublait plus le silence que la lente promenade des infirmiers de garde ou les rondes des seconds-maîtres.

L'Arrivée à Nagasaki. — Le dimanche matin 4 novembre, le *Notre-Dame-de-Salut* mouillait dans le port de Nagasaki. Les Sœurs, prévenues de notre arrivée par dépêche, nous attendaient. L'accord fut vite fait sur les conditions de la location. 2 piastres et demie ou 6 fr. 50 par malade; en outre nous fournissions le vin, nous payions le blanchissage et les boys; somme toute, l'ensemble de ces conditions était loin d'atteindre le chiffre de 5 piastres payées par les malades à l'Hôpital International. *Quatre jours après*, le 8 novembre, tous les approvisionnements étaient déballés, l'installation terminée et les premiers malades prenaient possession de l'hôpital.

Les Sœurs du Saint-Enfant-Jésus, de Chaufailles. — Je laisse au rapport si intéressant du docteur Labadens, médecin-chef de l'hôpital de Nagasaki, le soin de vous décrire ce magnifique établissement [1]. Il fera passer sous vos yeux en détail ces salles vastes et bien aérées; cette vue merveilleuse sur le port et la ville de Nagasaki ; la salle de jeux, les réfectoires ; le jardin en terrasse où sous la bienfaisante influence du soleil du Japon, nos malades et nos blessés reprenaient à vue d'œil les forces et la santé ; la pieuse chapelle enfin qui les réunissait le dimanche.

Mais je tiens à dire quelques mots de celles qui accordaient à la *Société de Secours aux Blessés militaires*, à son arrivée au Japon, une si française et si bienveillante hospitalité.

Dès la fin du mois de juillet de l'année 1900, la vénérable Supérieure de la maison de Nagasaki, Sœur Marie-Justine, avait été sollicitée par le Général Frey de mettre son établissement à la disposition des malades du Corps expéditionnaire. C'était du même coup demander aux Sœurs une modification profonde dans leur existence, le renoncement à leurs occupations habituelles, l'abandon momentané au moins de leurs œuvres; les Sœurs cependant n'hésitèrent pas. Elles licencièrent leur pensionnat, renvoyèrent leurs orphelines dans des familles chrétiennes, fermèrent leur ouvroir, et du jour au lendemain se transformèrent en sœurs hospitalières. La Croix-Rouge les trouva prêtes à lui continuer leur concours. Au chevet des malades, comme dans les divers services dont elles étaient chargées, elles ne cessèrent de se montrer affables envers tous, ingénieuses à soulager les misères qui les entouraient, inspirant partout autour d'elles la sympathie et le respect. J'ai été le témoin de leur apostolat, j'ai vu à l'œuvre leur zèle et leur inépuisable charité; je suis heureux de pouvoir leur apporter le témoignage de ma respectueuse admiration.

Départ du Notre-Dame-de-Salut pour Takou. — Pendant que la Croix-Rouge complétait son installation à Nagasaki, le *Notre-Dame-de-Salut* reprenait, sous la direction du Vicomte de Nantois, la route de Takou, accomplissant ainsi la seconde partie du programme de l'Amiral :
« *Employer le bateau-hôpital à faire la navette entre Nagasaki et Takou,*
« *et diriger sur l'hôpital de la Croix-Rouge les malades évacués de Chine* ».
Avec le Délégué de la Société, le *Notre-Dame-de-Salut* emmenait une formation sanitaire au complet : trois médecins civils, le docteur Herr, médecin-chef de la formation, les deux internes, MM. Le Roy des Barres et Assicot; M. Tissier, chargé de la pharmacie; les cinq Sœurs de charité et le Père Yves.

Parti de Nagasaki le 11 novembre, le bateau arrivait en rade de Takou le 14 au soir. Quelques jours plus tard, après de laborieuses négociations, je décidais, de concert avec l'Amiral, le rapatriement; de son côté, à la suite d'une démarche personnelle faite à Tien-Tsin par le Vicomte de Nantois, le Corps expéditionnaire s'engageait à nous fournir des malades : 68 arrivaient à Takou le 28 novembre, 25 le 2 décembre et 13 le 5 ; le

---

[1]. Voir page 105.

complément du bateau devait se faire à Nagasaki, à Chang-Haï et à Saïgon. Ce même jour, le *Notre-Dame-de-Salut* appareillait pour le Japon. De retour à Nagasaki le 6 décembre, il en repartait le 14 pour la France, nous laissant 16 de ses malades et emmenant un certain nombre des nôtres. départ émouvant qui restera toujours gravé dans mon souvenir. Avec quels regrets ne me séparais-je pas du docteur Laffont, à qui nous devions la magistrale installation de l'hôpital de Nagasaki. des vaillantes Sœurs de charité, de notre aumônier, de tout le personnel médical et hospitalier du bateau-hôpital, du dévoué collaborateur enfin, qui avait jusque-là partagé avec moi les difficultés, les épreuves, les labeurs de notre commune tâche. Il me laissait heureusement le Baron Robert Baude. récemment arrivé de France, recrue précieuse pour la Croix-Rouge.

Rapatriement. — Le *Notre-Dame-de-Salut* mit 47 jours à effectuer son voyage de retour. Ce qu'a été ce voyage. les conditions parfaites dans lesquelles s'est effectué ce rapatriement. la Société le sait déjà. Le rapport si éloquent dans sa simplicité. si complet dans sa concision du Vicomte de Nantois[1]; celui du docteur Laffont, absolument remarquable par ses développements techniques, ne me laissent rien à dire sur le fonctionnement du bateau-hôpital de la Société, et le petit affrété, qui faisait si modeste mine dans le port de Nagasaki à côté des puissants navires des Croix-Rouges du monde entier, peut justement revendiquer pour sa part l'honneur de cette émouvante traversée.

Mais si je me reconnais impuissant à rien ajouter aux savantes observations contenues dans le rapport du docteur Laffont ou à l'intéressant récit du Vicomte de Nantois, ce qu'ils n'ont pu dire, ce qu'il est du devoir de votre Délégué de rappeler ici, c'est la somme de dévouement, la sollicitude de tous les instants, l'abnégation portée à sa plus haute limite, qui ont caractérisé la Mission de la Croix-Rouge sur le bateau-hôpital. Médecins et personnel hospitalier. Sœurs de charité et Aumônier, rivalisèrent de soins délicats et dévoués pour adoucir à ces malades, à ces convalescents les fatigues de cette longue traversée.

Le Vicomte de Nantois écrivait. en parlant de ses collaborateurs : « *Le fonctionnement du bateau-hôpital a été irréprochable, l'abnégation « de tous au-dessus de tout éloge.* » — Je tiens à vous dire à mon tour la part prépondérante qu'il a eue dans ce résultat. Je rappellerai que sur les douze mois dont s'est composée la durée de l'expédition de la Croix-Rouge en Chine, le Vicomte de Nantois en a passé près de huit en mer, que son incessante activité, les fécondes ressources de son esprit toujours en travail ont tendu en toutes circonstances à réaliser la plus grande somme possible de bien et qu'il y a réussi. qu'il n'a reculé pour le faire devant aucune fatigue, se jetant, comme à Takou, sur un remorqueur, à 2 heures du matin, par une température sibérienne, pour aller demander au Chef d'état-major du Corps expéditionnaire un convoi de malades. L'honneur de conduire en France le bateau-hôpital de la Société lui revenait.

1. Voir pages 19 et 55.

de droit, les acclamations qui l'ont accueilli à son arrivée à Marseille ont montré que le sentiment public lui en était reconnaissant. Il ne m'en voudra pas de ce juste hommage rendu à ses efforts et au succès qui les a couronnés.

Du rôle du Bateau-Hôpital en campagne. — Avec le rapatriement se termina le rôle de votre bateau-hôpital. Il n'est pas téméraire d'ajouter que l'expérience a été concluante. L'utilisation du *Notre-Dame-de-Salut* pendant la campagne de Chine semble bien avoir démontré, qu'abstraction faite du cas où il peut y avoir intérêt à isoler le malade de terre, le véritable rôle du bateau-hôpital est de servir aux évacuations et au rapatriement. Ceux qui ont vu, comme nous, des dysentériques étendus au mois de novembre sur le pont d'un paquebot, arrivant mourants à Nagasaki, ou qui ont été témoins de l'entassement des convalescents sur les courriers, ne nous contrediront pas.

Quelques jours après notre arrivée en rade de Takou, le docteur Burotte, Médecin en chef de l'Escadre, visitant les nouveaux aménagements du *Notre-Dame-de-Salut*, nous exprimait dans les termes suivants son approbation : « *Que ne peut-on, disait-il, installer la Croix-Rouge sur le Mytho ou le Vinh'-Long, ce serait la perfection!* » — Ce vœu est aussi le mien. Oui, je souhaiterais voir l'État mettre un de ses transports à la disposition de la *Société de Secours aux Blessés militaires* et la Société le transformer en bateau-hôpital. Ainsi débarrassé de son caractère de navire de guerre, aménagé avec tout le confort que la Société sait apporter à ses installations, le nouveau bateau-hôpital réunirait les conditions d'hygiène, de confortable, de calme nécessaires pendant de longues traversées à des hommes souvent à peine convalescents, presque toujours anémiés par le climat des colonies. Il soutiendrait sans peine la comparaison avec les merveilleux bateaux des Croix-Rouges étrangères que nous avons eu si souvent l'occasion, au cours de l'hiver dernier, d'admirer dans le port de Nagasaki.

L'hôpital de Nagasaki. — Le *Notre-Dame-de-Salut* rentré en France, l'hôpital de Nagasaki restait seul pour continuer la mission de la Société en Extrême-Orient. Le rapport de M. le docteur Labadens vous a édifiés de la façon la plus complète sur l'organisation de cet hôpital, son fonctionnement, les résultats qu'il a obtenus. Je me bornerai à y ajouter quelques traits, qui compléteront la physionomie générale de votre œuvre au Japon.

L'action de la Société ne s'est pas bornée en effet aux soins médicaux donnés à ses malades; au dehors, elle a fourni à presque tous les navires de l'Escadre, pendant leur séjour à Nagasaki, du lait frais, cette nourriture indispensable aux dysentériques, malades ou convalescents, presque introuvable en Chine. Près de 4000 litres de lait ont été ainsi distribués pendant l'hiver aux infirmeries du *Redoutable*, du *Mytho*, du *Vinh'Long*, de l'*Alouette*, du *Pascal*, du *Chasseloup-Laubat*, de l'*Amiral Charner*. Le transport-hôpital le *Vinh'Long* en reçut à lui seul 100 litres par jour pour ses malades, à son passage à Nagasaki, pendant les quelques jours qui précédèrent son départ pour la France. Au milieu des rigueurs de l'hiver, des gants, des passe-montagnes, des tricots, répartis entre les équipages des navires qui faisaient le service de courriers dans les rudes parages de Chin-Van-Tao et de Chefoo, protégeaient contre le froid les hommes de quart. A l'hôpital même tous nos malades étaient abondamment pourvus de flanelles, de tricots, de chaussettes, de chemises, de caleçons, d'espadrilles. Descendaient-ils dans la salle de jeux, ils y trouvaient, au milieu des journaux, des publications illustrées, des jeux de toutes sortes, les délassements qui récréent l'esprit et soutiennent le moral. Deux fois par semaine, une délicate attention de l'Amiral leur

Hôpital de la *Société de Secours aux Blessés militaires* à Nagasaki.

permettait d'assister, dans le jardin de l'hôpital, aux concerts donnés par l'excellente musique du *Redoutable*. Une nourriture saine, abondamment servie, appropriée aux différents régimes, remettait en peu de temps sur pied les convalescents. Dirai-je toutes les douceurs prodiguées à nos malades, champagne, bordeaux, quinquina Dubonnet, vin Mariani, biscuits Olibet, que sais je encore? Combien de fois, en entendant les remerciements émus qui sortaient de toutes ces bouches, je devrais dire de tous ces cœurs reconnaissants, ma pensée ne s'est-elle pas reportée avec émotion vers ces nombreux souscripteurs, qui, de tous les points de la France, ont si généreusement répondu à votre appel et envoyé leurs dons à la Croix-Rouge.

Les Visiteurs de l'hôpital. — L'hôpital reçut de nombreux visiteurs ; je citerai parmi les plus marquants : le Contre-Amiral Courrejolles, le Général Frey, Mgr Cousin évêque de Nagasaki, le Contre-Amiral Bayle, les Généraux de brigade Lasserre et Bouguié, le Gouverneur de Nagasaki, M. Harmand Ministre de France à Tokyo, M. Collin de Plancy Ministre de France en Corée, le baron Corvisart attaché militaire à la légation de France à Tokyo, le P. Froc, l'éminent directeur de l'Observatoire de Zi-Ka-Wei, le Comte du Chaylard Consul de France à Tien-Tsin, le Médecin-chef et le personnel médical du bateau-hôpital allemand *Witkind*, les Commandants des navires de guerre français mouillés à Nagasaki, un grand nombre d'officiers et de médecins de l'Escadre et du Corps expéditionnaire, enfin deux touristes français, MM. Maurice Hottinguer et Évremond de Saint-Allary, qui nous laissèrent en partant une généreuse offrande.

Entre tous, le Commandant en chef de l'Escadre de l'Extrême-Orient,

Musique du « *Redoutable* » jouant à l'hôpital de Nagasaki.

M. le Vice-Amiral Pottier, ne cessa de donner à nos malades, par ses fréquentes visites, des témoignages réitérés de sa sympathie. Accompagné le plus souvent de son chef d'état-major, le Commandant Philibert, il parcourait les salles, s'enquérant de l'état de chacun des malades, ayant pour tous une bonne parole, ne perdant aucune occasion de faire autour de lui des heureux.

Un jour l'Amiral s'arrête devant un gros garçon, à la figure épanouie ; il hésite à le reconnaître et son hésitation s'explique, car cet homme qu'il a vu, pendant de longs mois, hâve, décharné, réduit à l'état de squelette, est un ancien dysentérique, qui pesait le jour de son arrivée de l'hôpital d'Hiroshima 49 kilos et qui en pèse aujourd'hui 84. Le saisissement de l'Amiral à la vue de cette résurrection est tel que les larmes lui en viennent aux yeux. Il veut féliciter le docteur chargé du service de la salle : « *Je n'y suis pour rien, répond celui-ci, cette guérison est un succès pour le régime de l'hôpital et pour les soins dont on y entoure*

« les malades. On peut consulter la feuille de B..., on verra que depuis
« plusieurs mois il ne suit plus de traitement. En réalité il doit la vie aux
« attentions et aux soins qu'on lui a prodigués ». Ce convalescent faisait
partie d'un groupe de trois dysentériques arrivés avec d'autres malades
à l'hôpital en novembre; peu à peu tous les camarades étaient partis,
eux seuls restaient, ne faisant aucun progrès, presque condamnés:
néanmoins, l'hiver s'était achevé, au printemps ils avaient commencé à
reprendre un peu de vie, le 4 juin ils partaient pour la France entièrement guéris.

Que de fois n'a-t-on pas trouvé à leur chevet le baron Robert Baude, les

L'arbre de Noël à l'hôpital de Nagasaki.

encourageant de sa parole et de sa chaude sympathie, s'efforçant de leur
procurer le peu qu'ils pouvaient prendre, ce peu qui a prolongé leur
existence jusqu'au jour où la santé est revenue. Le docteur qui parlait
à l'Amiral des soins et des attentions dont les malades étaient entourés,
n'a pas nommé celui qui les leur avait prodigués. Eux le savaient et l'en
ont béni en partant.

Rapports avec les Autorités Japonaises. — Les Français de passage au
Japon ne furent pas les seuls à témoigner leur sympathie aux malades de la
Croix-Rouge. Dès les premiers jours de son installation, l'hôpital de
Nagasaki avait reçu, ainsi que je l'ai dit précédemment, la visite du plus
haut personnage de la province, le Gouverneur Yoshitaro Arakawa. Peu
après, nous arrivaient des dons envoyés les uns par la Croix-Rouge Japonaise, les autres par la *Société de jeux et de récréation* de Nagasaki;

une lettre du Président de la Croix-Rouge, le Comte Sano, accompagnait un de ces envois. Ce serait sortir du cadre de ce rapport que de parler ici de la sollicitude dont, sur d'autres points du Japon, les malades et les blessés français ont été l'objet de la part des Autorités Japonaises, je me bornerai à citer le fait suivant qui s'est passé sous nos yeux.

Vers le milieu du mois de novembre, *l'hôpital militaire d'Hiroshima* mis, comme on sait, par le Japon à la disposition du Corps expéditionnaire français, comptait parmi ses malades un quartier-maître de manœuvres du *Lion*, en traitement dans cet établissement depuis les premiers jours de la campagne. A ce moment, tous ses camarades étant guéris ou tout au

Les Pavillons et la vue de la rade.

moins convalescents, on songea à les évacuer sur France; quant à lui, comme il était hors d'état de supporter le voyage, on nous l'envoya. Un matin nous le vîmes débarquer à Nagasaki escorté d'un docteur de l'hôpital d'Hiroshima, de l'interprète K.-P. Kodama, professeur de l'École militaire des Cadets, d'une infirmière et d'un domestique; ces quatre personnes avaient passé plusieurs jours en mer, sur un cargot coréen, pour nous amener ce malade, et n'avaient cessé pendant tout ce temps de l'entourer d'attentions et de soins. Par parenthèse, le pauvre homme, un brave Breton, qui nous était arrivé avec la dysenterie et un abcès au foie, dans un état effroyable, crachant son abcès par les poumons, finit par se remettre sur pied. Il est retourné dans sa Bretagne et a pu revoir sa femme et ses trois petits enfants.

Je ne terminerai pas ce chapitre de nos rapports avec nos hôtes Japonais sans rappeler avec quelle générosité, grâce à la courtoisie et active intervention de la Légation de France à Tokyo, dont l'obligeant concours ne nous fit jamais défaut, l'Administration des douanes nous accorda la franchise partielle d'abord, complète en dernier lieu, sur tous les approvisionnements envoyés de France. Dans cette circonstance comme dans tant d'autres, M. le Lieutenant de vaisseau Martinie nous rendit aussi, par son dévouement et sa profonde connaissance du Japon et de sa langue, de précieux services.

Tant de témoignages de bienveillance, donnés à la Croix-Rouge française par les autorités et les notables de Nagasaki, avaient inspiré à

LIEUTENANT DE VAISSEAU MARTINIE
Chargé du service d'ordre à l'hôpital de Nagasaki.

nos docteurs la pensée d'établir pendant l'hiver un dispensaire gratuit pour les pauvres de la ville. Des formalités administratives s'opposèrent à l'exécution de ce projet, et nous dûmes renoncer à témoigner ainsi notre gratitude aux habitants de Nagasaki.

Les tournées en Chine. — Si Nagasaki offrait à la Croix-Rouge française, comme centre d'un hôpital d'évacuation, des avantages incontestables, son éloignement du Corps expéditionnaire n'était pas pour elle sans inconvénient. A côté des malades qu'elle soignait, la masse même des troupes échappait à son action; elle était impuissante à répondre à leurs besoins, tandis qu'une grande partie des approvisionnements apportés de France demeurait sans emploi. Ces considérations frappaient dès le mois de décembre le Vicomte de Nantois, alors en rade de Takou, et

lui inspiraient la pensée d'établir à Tien-Tsin un dépôt central d'approvisionnements d'où il eût rayonné pendant l'hiver au milieu des postes de l'intérieur. Le rapatriement l'obligea à renoncer à ce projet: il s'y résigna avec d'autant plus de regrets qu'il ne croyait pas possible, une fois le Pei-Ho bloqué par les glaces, de faire pénétrer du matériel en Chine. Pendant ce temps la même préoccupation régnait à l'hôpital de Nagasaki. « *L'avenir se présente bien*, lit-on dans le journal de l'expédition,
« à la date du 6 décembre, *l'action de la Croix-Rouge se développe, on rend*
« *de toutes parts justice à l'effort qu'elle a tenté. Que peut-on souhaiter de*
« *plus? peut-être qu'elle aille planter cet hiver son pavillon en Chine, eh*
« *bien! pourquoi ne l'essaierait-on pas?* »

On l'essaya en effet. Le 1er janvier 1901, accompagné d'un fusilier marin mis à ma disposition par l'Amiral, je quittais Nagasaki sur le courrier annexe le *Tanaïs*, avec un convoi de 177 caisses ou paniers, laissant la direction de l'hôpital au Baron Robert Baude.

Tout justifiait ce choix. S'oubliant sans cesse pour ne penser qu'aux autres, s'attachant de préférence aux plus humbles et aux plus souffrants, le Baron Robert Baude semblait n'avoir d'autre préoccupation que de passer inaperçu en faisant le bien. Tour à tour bibliothécaire et chargé de la distribution des jeux et des vêtements, on le voyait, dans les moments de loisir que lui laissait sa tâche auprès des malades, organiser des promenades pour les convalescents, s'ingénier à leur procurer des distractions nouvelles, donner sans compter son temps et son argent, se donner surtout lui-même, pratiquant ainsi de toutes les formes du dévouement celle qui va le plus sûrement au cœur de l'homme qui souffre. En de telles mains la direction de l'hôpital était bien placée.

Notre petite expédition arrivée le 3 janvier à Tché-Fou, en repartait le 4 sur le croiseur *le Bugeaud*, débarquait le 5 sur la plage de Chin-Van-Tao, et du 6 janvier au 9 février, parcourait toute la ligne d'occupation du Corps expéditionnaire, de Chan-Haï-Kouan, point terminus de la Grande Muraille dans le golfe du Pei-Tché-Li, jusqu'à Tcheng-Ting-Fou, avant-dernier poste occupé par les troupes françaises à 300 kilomètres au sud-ouest de Pékin. Elle était de retour à Nagasaki le 17 février, après avoir traversé sur le *Friant* douze milles de glaces dans dans la baie Shallow.

Les postes visités par nous avaient été les suivants : *Chin-Van-Tao*, détachement de 50 marins, enseigne de vaisseau Mahias ; poste de zouaves, lieutenant Communal ; infirmerie Dr Creignou. — *Mafang*, services des étapes, commandant Trafford ; détachement du génie, lieutenant Lamarche; compagnie de zouaves, capitaine de Vallon. — *Chan-Haï-Kouan*, Fort de l'Amiral Pottier, 1er bataillon de zouaves de marche, infirmerie-ambulance Dr Visbecq. — *Han-Kou*, service des étapes, compagnie de zouaves lieutenant Bonnejoy, infirmerie Dr Bar. — *Tien-Tsin*, hôpital général. — *Lou-Keou-Kiao*, 17e régiment d'infanterie coloniale, capitaine Martin ; détachement du génie. — *Tchang-Sin-Tien*, détachement du génie, lieutenant Génin. — *Lang-San-Sien*, 17e régiment d'infanterie coloniale, lieutenant Hervelin. — *Pao-Ting-Fou*, ambulance Dr Béchard; 3e chasseurs d'Afrique, capitaine Lambert ; compagnie du génie, capitaine

Noguette ; service d'inspection des postes D' Langlois. — *Ting-Tcheou*, 2ᵉ bataillon de zouaves de marche, lieutenant-colonel Drude ; infirmerie Dʳ Picquet. — *Sin-Lo*, compagnie du 40ᵉ de ligne, capitaine Chapus; infirmerie Dʳ Berthelet. — *Fou-Tcheng-Hi*, détachement du 40ᵉ de ligne: lieutenant Ducani. — *Tcheng-Ting-Fou*. détachement du 5ᵉ chasseurs d'Afrique, capitaine Grandconseil: compagnie de zouaves capitaine Guého; hôpital Dʳ Rouffignac.

Dans cette excursion de six semaines, où le haut Commandement n'avait cessé de mettre à sa disposition tous les moyens d'action nécessaires à l'accomplissement de sa tâche, le Délégué de la Croix-Rouge française

Baron Robert Baude
Délégué de la Société en Chine.

avait visité un grand nombre de postes, distribué des secours importants, en un mot pris contact avec le Corps expéditionnaire. A *Pékin*, le Général commandant en chef ; à *Pao-Ting-Fou*, le Général Bailloud ; à *Tien-Tsin*, le Chef d'état-major et le Service de santé l'avaient reçu avec les plus grands égards.

Ces heureux résultats le décidèrent à entreprendre au mois d'avril une seconde tournée en Chine.

Cette fois le *Peï-Ho* était libre ce fut donc à *Takou* que cette seconde expédition aborda. Laissant rapidement derrière lui *Takou* où il avait retrouvé cependant deux de ses anciennes connaissances, l'ambulance du docteur Bar et la compagnie des zouaves du capitaine de Vallon, votre Délégué se borna à traverser Tien-Tsin et ne commença sérieusement ses distributions qu'à partir de Pékin. Il visita alors successivement : *Kao-Peï-*

Tien, détachement du 17ᵉ d'infanterie coloniale, lieutenant Amberger. — *Ansu-Shien*, 40ᵉ de ligne, lieutenant Bourdeix. — *Kaou-Tcheng*. — *Pey-Ho-Tien*, même compagnie. — A *Pao-Ting-Fou*, une batterie de 75 du 20ᵉ d'artillerie, capitaine Beuchon; le 1ᵉʳ bataillon de zouaves, colonel Guillet; le 17ᵉ d'infanterie, lieutenant-colonel Rondoni; le détachement du génie, capitaine Noguette; l'escadron du 5ᵉ chasseurs d'Afrique, capitaine Grandconseil; l'ambulance docteur Béchard, enfin le service du docteur Langlois. Plus loin à *Ting-Cheou* nous rencontrions deux compagnies du 17ᵉ d'infanterie coloniale, lieutenants Bourdat et Bernard; l'ambulance

Train amenant le Délégué général de la Société à Tien-Tsin.

docteur Coullaud. — A *Sin-Lo*, deux autres compagnies du même régiment, commandant Michard. — A *Fou-Tcheng-Hi* un détachement de zouaves, lieutenant Lherbette. — A *Tcheng-Ting-Fou*, le 2ᵉ bataillon de zouaves, lieutenant-colonel Drude; une batterie d'artillerie, le docteur Rouffignac et l'hôpital des Sœurs. Poussant jusqu'à *Houo-Lou*, dernier poste occupé par le Corps expéditionnaire, nous trouvions la compagnie de zouaves du capitaine Guého, un peloton du 5ᵉ chasseurs et une batterie d'artillerie.

Au retour, un arrêt du train à *Yang-Tsoun* me permettait d'envoyer par l'intermédiaire du docteur Pichon quelques approvisionnements au 4ᵉ bataillon de zouaves, au 6ᵉ chasseurs et à l'artillerie. Une dernière distribution aux navires de guerre mouillés à Takou, le *Redoutable*, le *Mytho*, le *Vinh'-Long*, l'*Enseigne-Henry*, et la seconde tournée de la Croix-Rouge en Chine était terminée.

Votre Délégué rapportait de ce voyage la certitude que la Mission de la Société touchait à sa fin. Il en avait reçu l'assurance de la bouche même du Général commandant en chef le Corps expéditionnaire, et l'Amiral, de son côté, le lui avait confirmé.

Avant de fermer l'hôpital de Nagasaki, il fallait achever de distribuer le reste de ses approvisionnements : ce fut le Vicomte de Nantois, à peine de retour de France où il avait conduit le *Notre-Dame-de-Salut*, qui s'en chargea. Cette troisième visite des postes ne fut pas moins fructueuse que les précédentes, les caisses et les paniers de la Croix-Rouge achevèrent de s'y vider. Après une première distribution au *Redoutable* et au *Vinh-Long*, le Vicomte de Nantois visita à *Teng-Kou* la division, 250 marins, le génie, la gendarmerie, l'infanterie de marine ; — à *Tien-Tsin* le service de la remonte, celui des étapes et la gendarmerie ; — à *Yang-Tsoun* l'ar-

Arrivée de M. de Valence,
Délégué général de la Société, à la Mission de Tcheng-Ting-Fou.

tillerie, les zouaves et les chasseurs ; — à *Pékin*, l'infanterie et l'artillerie de marine, le service de la remonte, le train, le poste du *Pétang* ; — cinq postes sur la ligne de *Pékin* à *Pao-Ting-Fou* ; — à *Pao-Ting-Fou* même, le génie, les zouaves, l'infanterie de marine, les chasseurs ; — et deux postes de la ligne d'étapes de *Pao-Ting-Fou* à *Tien-Tsin*. Il envoya enfin un grand nombre de caisses à l'hôpital de *Tcheng-Ting-Fou*, à *Ting-Cheou* à *Sin-Lo*, et laissa les dernières entre les mains du Ministre de France à Pékin pour le futur hôpital de cette ville.

En résumé, dans ces trois tournées, près des deux tiers du Corps expéditionnaire avaient été visités par vos Délégués ; **cinquante et un postes, quatre infirmeries, six ambulances** prirent part à leurs distributions.
Des officiers nous disaient : « *Nous sommes allés au Tonkin, au Soudan, à Madagascar, quelque importants, quelque nombreux qu'aient été vos envois, c'est la première fois que nous voyons nos hommes toucher quelque chose de la Croix-Rouge.* » D'autres ajoutaient : « *Vous êtes pour nous les représentants de la bonne France, celle qui pense aux humbles*

« et cherche à atténuer leurs peines. Vous au milieu de nous, nous nous
« sommes sentis tout près d'Elle. »

Un relevé aussi exact que possible permet d'établir ainsi qu'il suit le chiffre des dons distribués en Chine par la Société de Secours, indépendamment des approvisionnements considérables consommés sur le *Bateau-Hôpital* et à l'hôpital même de Nagasaki :

1° Effets d'habillement : tricots, chemises, jerseys, caleçons, bonnets de coton, ceintures, mouchoirs, chaussettes, gants, passe-montagnes, espadrilles. 8944

2° Vins et denrées alimentaires :
Champagne. . . . . 1968 demi-bouteilles.
Vin blanc et rouge . . . . 500 bouteilles.
Chocolat, eau d'Orezza, fromages, conserves de légumes, confitures, biscuits Olibet, choucroute, lait stérilisé, huile d'olive. . . . 85 caisses.

MONSEIGNEUR BRUGUIÈRE
Évêque de la Mission de Tcheng-Ting-Fou, et les Mandarins de la ville.

En outre du vin Mariani, du vin de Kola, de l'Eau de mélisse des Carmes, de l'alcool de menthe, du café concentré, de la Bénédictine, du bouillon Liebig et Bécel.

3° Tabac : Cigares, cigarettes et pipes. . . . . 500 kilos.
4° Jeux : Boules, ballons, dames, dominos, cartes, jeux de l'oie : 6 caisses.
5° Publications : *Almanachs du Drapeau*, 600 exemplaires; publications diverses : *Revue de Paris*, *Soleil illustré*, *Illustration*, etc., Journaux, Livres . . . . 8 caisses.
6° Médicaments : 4 caisses. — Pansements, gaze apprêtée, bandes, coton hydrophile, 6 paniers.

On remarquera dans cette énumération la part très restreinte faite aux médicaments et aux pansements. La Société n'avait pas en effet pour mission de ravitailler en médicaments les hôpitaux et les ambulances du Corps expéditionnaire. Le Service de santé y avait largement pourvu et ses remarquables installations, qui regorgeaient de tous les approvisionnements nécessaires, recueillirent partout des éloges auxquels la Croix-Rouge fut la première à s'associer. Parfois néanmoins quelque incident imprévu se produisait : un médecin nouvellement installé dans un poste écarté tardait à recevoir ses médicaments; un autre, bien qu'il les eût reçus manquait momentanément de tel ou tel d'entre eux plus fréquemment demandé que tel autre; un troisième même par suite d'un accident avait perdu sa cantine. A ce moment la Croix-Rouge passait, il lui suffisait d'ouvrir ses caisses et du même coup la cantine perdue était remplacée, le médicament épuisé renouvelé, celui qu'on attendait fourni sans retard, sans parler de certains objets de pansement, le coton hydrophile par exemple, employé en quantité telle qu'on en était toujours à court et que toutes les mains se tendaient pour le recevoir. Qui en profitait? le malade. Là s'est bornée la discrète intervention que les circonstances ont parfois amené la Société à exercer sur sa route.

Je ne voudrais pas clore ce chapitre des distributions faites par la Croix-Rouge en Chine sans en tirer pour l'avenir une conclusion. L'expé-

Le Délégué de la Société
avec le chef des Bonzes de la Pagode de Tcheng-Ting-Fou.

rience l'a démontré, les dons envoyés par les Sociétés d'Assistance parviennent difficilement à destination. Les uns iront moisir, comme le fait s'est passé à Nagasaki, dans les magasins de la Douane; d'autres seront pillés sur les quais de débarquement ou dans les wagons; parfois même on verra, comme à Pékin, des caisses arriver soigneusement clouées, pesant le poids réglementaire, ouvertes elles ne contiendront que des cailloux. Le seul remède à cet état de choses serait, dans les expéditions futures, l'envoi d'un délégué. Le délégué accompagne les caisses, les surveille dans les transbordements, les pointe à l'arrivée, établit les répartitions; rien ne se perd, et les distributions ainsi effectuées de la main à la main, d'accord avec le chef de détachement ou le médecin, se font plus rapidement et répondent mieux aux besoins de chacun. Tous ceux qui ont pu se rendre compte par eux-mêmes des difficultés et des risques que rencontre en temps de guerre le service des transports, adopteront, je crois, cette conclusion.

Le Général Voyron autorise la Croix-Rouge à rentrer en France. — Un hiver sain et relativement modéré, l'absence presque complète d'opérations militaires, et surtout les sages et minutieuses précautions prises par le haut Commandement et le Service de santé avaient maintenu parmi les troupes d'occupation un état sanitaire excellent. Cette rassurante situation décidait votre Délégué à refuser dès le mois de mars l'offre faite par la Société de l'envoi d'une nouvelle formation sanitaire au Japon. Puis le printemps s'écoula, les craintes d'épidémie s'évanouirent en même temps que s'accentuaient les bruits d'évacuation; bien que rien ne semblât plus justifier la présence de la Croix-Rouge en Chine, nous ne voulûmes pas regagner la France sans en avoir obtenu l'autorisation du Commandant en chef, estimant cet assentiment nécessaire pour conserver à la mission de la Société son caractère officiel.

Le Général Voyron consulté conclut au départ de la Croix-Rouge et, sur ma demande, me confirma ces conclusions par une lettre en date du 24 mai [1], qui ne parvint à Nagasaki que le 21 juin. Dans ce document, le Général rappelant que les opérations militaires étaient terminées, le nombre des malades très faible, les hôpitaux de la guerre amplement suffisants pour satisfaire à tous les besoins, estimait que ce serait abuser du dévouement de la Croix-Rouge que de prolonger plus longtemps sa présence en Extrême-Orient : « *Je vous prie*, me disait-il en terminant, « *d'être mon interprète et celui de toutes les troupes françaises auprès de* « *votre Société, pour la remercier de toute la sollicitude qu'elle n'a cessé de* « *nous témoigner. L'expérience tentée par la Croix-Rouge française a pleine-* « *ment réussi, la Société a tout lieu d'être satisfaite de son œuvre.* »

M. le Vice-Amiral Pottier, après avoir pris connaissance de la lettre du Général commandant en chef le Corps expéditionnaire, m'écrivit de son côté qu'il partageait l'avis de M. le Général Voyron ; il proposait en conséquence la date du 1er juillet pour la fermeture de l'hôpital, et voulait bien ajouter qu'il ferait tous ses efforts pour être rendu sur rade de Nagasaki à cette époque.

Liquidation de l'Hôpital. — Désormais nous étions fixés. D'autre part, nos derniers malades s'étaient embarqués le 16 juin sur le *Natal*, seuls quelques officiers occupaient encore la maison annexe, la liquidation de l'hôpital commença.

La plus grande partie de son matériel, notamment les appareils de bactériologie, demandés par le Ministre de France en Chine pour le futur hôpital de Pékin, lui furent envoyés avec l'approbation de la Société. Le reste fut réparti entre l'ambulance de Chin-Van-Tao ; l'hôpital civil de Tcheng-Ting-Fou, dirigé par les Filles de la Charité, qui pendant toute la durée de l'occupation avaient hospitalisé et soigné les malades du Corps expéditionnaire ; enfin les Sœurs de Nagasaki. Ces dernières héritèrent de tout le linge qui avait servi aux malades, de quelques lits et du reste de nos approvisionnements, compensation bien insuffisante pour les dommages causés à leur établissement et les services qu'elles nous avaient rendus.

1. Voir cette lettre, page 131.

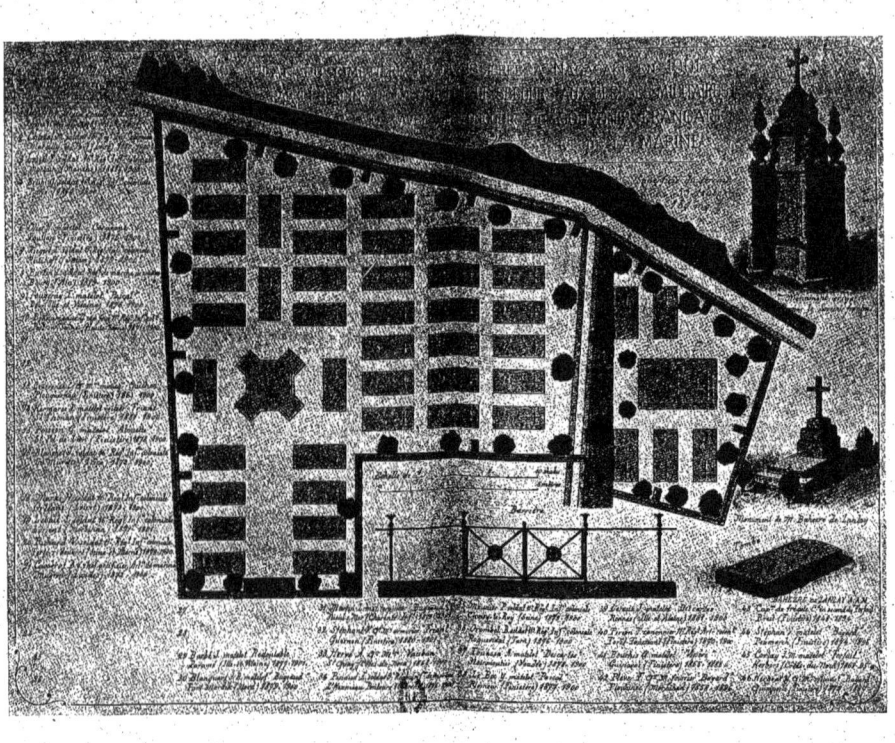

La partie la plus encombrante de notre matériel, poêles, batterie de cuisine, quelques caisses de vieux linge et de pansements fut envoyée à la léproserie de Koumamoto, œuvre éminemment française, où des Sœurs Franciscaines consacrent leur vie aux lépreux du Japon. Nous ne rapportions en France, conformément aux prescriptions du Conseil Central de la Société, que le linge qui n'avait pas été utilisé, les boîtes de chirurgie et les brancards.

L'hôpital était ainsi en plein déménagement, lorsque le 20 juin, l'Amiral Bayle, arrivé dans la matinée, venait prier la Croix-Rouge de prendre, au moins pour quelques jours, quinze malades de l'*Amiral-Charner*. Bien vite on défaisait les paquets, on remettait sur pied quelques lits et la salle ainsi reconstituée, avec l'assentiment des Sœurs, recevait, outre les hommes du *Charner*, deux malades arrivés de Chine par le *Tanaïs* : un dysentérique, hors d'état de continuer sa route, et un soldat du génie, mordu à Tien-Tsin par un chien suspect. Ainsi la Providence permettait que jusqu'à la dernière heure la Société pût continuer ses services au Corps expéditionnaire. Elle les continua même après son départ, car le 6 juillet, veille de notre embarquement, un Commandant d'infanterie coloniale nous amenait de Tien-Tsin deux hommes mordus par des chiens suspects d'hydrophobie, et ce fut encore la Croix-Rouge qui, à défaut du Consul, sans instructions et sans fonds, prit sur elle de les faire entrer à l'Hôpital International et de payer les frais d'hospitalisation et de traitement.

Le Service funèbre à la Cathédrale de Nagasaki. — La mission de la Société de secours aux Blessés militaires touchait à sa fin, il lui restait cependant encore un devoir à remplir. Avant de s'éloigner, elle devait à ses morts une dernière prière et un dernier hommage : ce fut l'objet d'une double cérémonie, la célébration d'un Service funèbre et l'inauguration du Cimetière militaire Français de Nagasaki.

Le service fut célébré en grande pompe le 5 juillet, à la Cathédrale de Nagasaki. La nef, pavoisée dès la veille par les timoniers du *Redoutable*, avait revêtu l'aspect d'une de nos vieilles cathédrales de France. Les pavillons s'enroulaient autour des colonnes, descendaient des voûtes, tapissaient le chœur, recouvraient le catafalque placé au centre de l'église, tandis que des écussons suspendus aux murs rappelaient les noms des régiments et des navires de guerre auxquels appartenaient les soldats et les marins morts au Japon.

Au premier rang se tenaient les deux Amiraux entourés de leurs états-majors. De nombreux officiers de l'Escadre, et des délégations du *Redoutable*, du *Guichen*, de l'*Amiral-Charner*, du *Friant*, de la *Surprise*, remplissaient la nef. Le reste de l'assistance comprenait le Personnel de la Croix-Rouge, la Colonie française de Nagasaki, le représentant du Gouverneur à ce moment absent, le Maire de la ville et un certain nombre de fonctionnaires japonais. Les invitations avaient été envoyées au nom de l'*Œuvre des Prières et des Tombes*, qui, dès les premiers jours de l'installation de la Croix-Rouge française à Nagasaki, avait mis une somme importante à la disposition de votre Délégué, en lui demandant de faire prier pour nos morts.

Inauguration du Cimetière. — Deux jours après avait lieu l'inauguration solennelle du Cimetière militaire Français.

Au moment de notre arrivée au Japon, les restes des soldats et des marins français décédés à Nagasaki étaient disséminés dans le cimetière international de cette ville, sans que ni une tombe, ni une croix indiquât l'endroit où ils reposaient. Émus d'un tel abandon, vos Délégués jugèrent de leur devoir de faire donner à ces morts une sépulture digne d'eux et du Pays pour lequel ils étaient tombés. L'appel qu'ils adressèrent autour d'eux fut entendu. La *Société de secours aux Blessés militaires* fit l'acquisition du terrain, le *Souvenir Français* se chargea du monument, l'*Amiral* enfin accorda le crédit nécessaire à l'acquisition de l'entourage et des tombes.

Les corps de 54 marins ou soldats, qui reposaient dans le cimetière international furent exhumés et transportés dans le terrain concédé. Sur ce nombre, 14 seulement étaient décédés à l'hôpital de la Croix-Rouge, les autres avaient été soignés par la formation sanitaire que nous avions remplacée ou étaient morts, comme le Capitaine de frégate Bahezre de Lanlay, au cours des années précédentes. Grâce au concours de deux hommes de cœur et de dévouement, le Père Fresneau, supérieur de la mission d'Ourakami, et le Frère Joseph des Frères de Marie, les travaux avancèrent rapidement. Le 5 juillet tout était prêt, ce même jour eut lieu l'inauguration du cimetière.

Contrariée par le temps qui ne permit pas à l'Amiral de la présider lui-même, la cérémonie répondit cependant au double but que s'étaient proposé les promoteurs de l'Œuvre, donner à nos morts une sépulture chrétienne et montrer aux habitants de ces contrées lointaines, comment la France sait honorer la mémoire de ses enfants.

La bénédiction du cimetière fut faite par le Père Salmon, Vicaire général de Nagasaki, aumônier de la Croix-Rouge. Le monument et les tombes disparaissaient sous les fleurs. Quelques paroles prononcées par : le Consul de France, votre Délégué, et le Chef d'état-major de l'Escadre, représentant l'Amiral, terminèrent la cérémonie à laquelle assistaient, avec la Colonie française, les Autorités civiles et militaires de Nagasaki.

M. le Général Voyron, commandant en chef le Corps expéditionnaire, avait tenu à s'y faire représenter, et, par une délicate attention, avait désigné pour cette mission un officier de son état-major dont le nom nous rappelait, en même temps que les plus glorieuses traditions militaires de la France, la haute personnalité du Président même de notre Société, j'ai nommé M. le lieutenant Davout d'Auerstaëdt.

Le plan du nouveau cimetière[1], exécuté par le Frère Joseph, avec un numéro d'ordre correspondant pour chaque tombe au nom du soldat ou du marin dont elle recouvre les restes, a été photographié et envoyé par les soins de la Société aux familles représentées dans le funèbre nécrologe. Elle a voulu que chacune d'elles pût, à l'aide du plan ainsi reproduit, faire comme un pieux pèlerinage aux lieux où repose leur enfant, voir l'emplacement de sa tombe et juger par elle-même des hommages dont on a entouré sa mémoire.

---

1. Voir le plan page 115.

Maintenant tout était fini : la Croix-Rouge avait achevé son œuvre, elle pouvait reprendre le chemin de la France.

Pendant les dix mois qu'avait duré sa mission en Extrême-Orient : elle avait hospitalisé **858** malades ou blessés, représentant un chiffre de **28 688** journées d'hôpital ; à trois reprises différentes, le Corps expéditionnaire avait reçu sa visite et bénéficié de ses dons ; elle partait comblée des témoignages de reconnaissance et de sympathie des chefs et des soldats. Ce résultat n'aurait pu être obtenu sans l'entente parfaite qui, du premier jour au dernier, n'a cessé d'exister entre le Personnel médical de la Croix-Rouge et ses Délégués.

Les Médecins de la Marine. — Je tiens à le dire bien haut. Si la Marine, en offrant à la Croix-Rouge française un personnel médical, a voulu témoigner de l'intérêt qu'elle prenait à son œuvre, elle ne pouvait en marquer de plus grand, car son choix a été à tous égards irréprochable. Science

Les Sœurs du Saint-Enfant-Jésus de Chauffailles, à l'Hôpital de Nagasaki.

professionnelle, expérience pratique, cordialité des rapports, dévouement sans mesure, ainsi peut se résumer le concours que vos Délégués ont constamment rencontré chez les trois Médecins de la Marine : M. le médecin principal Laffont, médecin en chef de ses hôpitaux, M. le docteur Labadens, médecin-chef de l'hôpital de Nagasaki, M. le docteur Lafaurie, enfin, que son troisième galon est venu trouver au milieu de nous, presqu'en même temps que la croix de chevalier de la Légion d'honneur, juste récompense accordée sur la proposition de M. le Vice-Amiral Pottier, à une carrière passée toute entière dans la pratique de l'abnégation et du devoir. La reconnaissance de nos malades, les témoignages répétés de considération et d'estime que l'Amiral donnait en toute occasion à nos médecins militaires témoignent, plus que tout ce que je pourrais ajouter, des inappréciables services qu'ils ont rendus à la Croix-Rouge.

Les Médecins civils. — Nos médecins civils et nos pharmaciens, plus jeunes mais non moins zélés, nous ont donné de leur côté toute la mesure de leur dévouement et de leur savoir, particulièrement dans la traversée de Takou à Nagasaki, où ils fonctionnaient comme formation civile, sous la direction du docteur Herr, médecin-chef de cette formation. Le Vicomte de Nantois vous a dit, dans son rapport, combien il avait eu à se féliciter sur le bateau-hôpital, à son retour en France, du dévoué concours de M. Assicot, de M. Le Roy des Barres et de M. Venture. Je dois de mon côté une mention toute spéciale à M. le docteur Herr et à M. le pharmacien Tissier[1] ; ils ont contribué l'un et l'autre au bon fonctionnement de l'hôpital de Nagasaki, ils ont droit dans une large mesure aux éloges qu'il a recueillis.

Les Infirmiers. — Notre personnel infirmier, composé pour la presque totalité d'infirmiers de la Marine, hommes de carrière, excellents praticiens, braves gens pleins de cœur et de zèle, ne s'est pas démenti un instant. Tous ont été à la hauteur de leur tâche. Dans le personnel civil on me permettra de signaler particulièrement le nom de Francis Dansaërt, chargé sur le *Notre-Dame-de-Salut*, à côté du dévoué M. Gary, des difficiles et fatigantes fonctions de cambusier, son rôle a été aussi utile que modeste et son dévouement à toute épreuve.

Les Sœurs. — J'ai rendu précédemment hommage au patriotique et chrétien concours que la Croix-Rouge a trouvé chez les Sœurs du Saint-Enfant-Jésus de Chauffailles, je ne puis que leur renouveler ici l'expression de notre reconnaissante gratitude. Je n'aurais rien non plus à ajouter aux éloges délicats et mérités donnés aux Sœurs de Saint-Vincent-de-Paul par le vicomte de Nantois, si je ne tenais à dire avec quel profond regret je les ai vues s'éloigner de Nagasaki. Deux d'entre elles sont venues reprendre en Chine, auprès des pauvres et des malades, leur sublime apostolat. A la mission de Tcheng-Ting-Fou, comme dans les hôpitaux de Pékin, je les ai retrouvées entourées du même respect, de la même reconnaissance pour leur incomparable dévouement.

Les Aumôniers. — Ce serait oublier sous quel emblème s'est accomplie, en Extrême-Orient, la mission de la *Société de secours aux Blessés militaires* que de ne pas rappeler le rôle rempli dans ses hôpitaux par nos deux aumôniers : le Père Salmon à Nagasaki, le Père Yves sur le *Notre-Dame-de-Salut*. Affables et bons, sachant se faire aimer du soldat, ils n'inspiraient autour d'eux que des sympathies méritées. Il n'est pas un de nos mourants, qui n'ait profité avec empressement de leur discret ministère. « *J'ai vu M. l'aumônier, je suis paré* », me disait un jour, dans

---

1. *NOTA.* — Le caractère technique du Rapport de M. René Tissier, pharmacien de 1re classe, n'a pas permis de lui donner place dans ce recueil. Les lecteurs qui désireraient prendre connaissance de ce document, des listes et des nomenclatures de médicaments qu'il renferme, à l'usage des hôpitaux de campagne de la Société, ou de ses formations, en cas d'expéditions lointaines, pourront demander à les consulter au Siège de la Société, 19, rue Matignon.

son naïf langage, un petit matelot qui allait mourir. Quelques heures après le pauvre enfant était retourné à Dieu, l'âme en paix, soutenu dans ses derniers moments, comme tous ceux que nous avons perdus, par les immortelles espérances de la foi.

L'Amiral. — Résumant tous ces dévouements, personnifiant tous ces patriotiques et généreux concours, une grande et noble figure, celle de M. le Vice-Amiral Pottier domine, comme une vivante providence, la campagne tout entière de la Croix-Rouge en Chine; on me permettra de la saluer ici une dernière fois. Je ne saurais trop le répéter : si au cours de cette expédition la *Société de secours aux Blessés militaires* a pu faire quelque bien, s'il lui a été donné de prendre en Extrême-Orient sa place au soleil, c'est à l'Amiral Pottier surtout qu'elle le doit. En face des incertitudes de la première heure, comme au cours des difficultés et des obstacles inséparables de toute entreprise humaine, il a été pour elle un conseiller et un appui, pour ses malades un père plein de sollicitude. Vos Délégués, honorés de son amitié, comblés par lui d'attentions et d'égards, conservent de ses bontés un reconnaissant et impérissable souvenir.

Mon Général,

Au début de la campagne de Chine, il avait paru à la *Société de secours aux Blessés militaires*, qu'à côté des formations sanitaires de l'armée il pouvait y avoir place encore, auprès de ses malades, pour les énergies et les dévouements privés. A votre appel nous sommes partis, ne sachant ni où, ni comment, nous pourrions répondre à votre confiance, ayant seulement au cœur l'ardente passion de soulager ceux qui souffrent et la ferme volonté de faire connaître autour de nous la Société par ses bienfaits.

La Providence a béni votre Œuvre et aujourd'hui, sur tous les points de la France, des mères rassurées et heureuses prononcent avec reconnaissance le nom de la *Société de secours aux Blessés militaires*.

Pour nous que vous aviez choisis pour mener à bien cette tâche, nous vous remercions de nous avoir associés au bien que vous avez fait et aux bénédictions que vous avez recueillies, en nous confiant le grand honneur de faire flotter pour la première fois, sur les mers de Chine et du Japon, le drapeau de la Croix-Rouge Française.

Paris, le 20 octobre 1901.

Signé : « V. de Valence. »

L'ARRIVÉE EN FRANCE
DU PERSONNEL DE LA SOCIÉTÉ REVENANT DE CHINE

Extrait du Bulletin de la Société (Octobre 1901, N° 35).

L'*Australien* est arrivé à Marseille le 16 août 1901, ramenant tous ces vaillants de la Croix-Rouge restés les derniers en Chine : M. de Valence, Délégué général ; MM. le vicomte de Nantois et le baron Robert Baude, délégués de la Société ; MM. les docteurs Labadens et Lafaurie, médecins de 1re classe de la Marine, et les infirmiers civils et militaires.

Le Conseil central avait délégué pour les recevoir le Général Récamier et M. Léon de Gosselin, secrétaire général ; s'étaient joints à eux les membres des Comités de la Société à Marseille ayant à leur tête M. le général Fischer et Mme la marquise de Coriolis.

De part et d'autres l'émotion était grande : nos chers rapatriés étaient heureux de toucher ce sol de France qu'ils avaient quitté depuis toute une année pour aller sans souci des fatigues et des dangers secourir jusqu'en Extrême-Orient nos soldats et marins ; et ceux qui les recevaient témoignaient de leur joie à les retrouver tous sains et saufs et les félicitaient, du fond du cœur, pour ce bel acte de dévouement qui restera à jamais gravé dans les annales de notre Œuvre.

Le soir, dans un dîner tout cordial on a fêté cet heureux retour, et le Général Récamier dans des paroles émues a retracé à grands traits l'action si bienfaisante de la Société de secours aux Blessés militaires en Chine, comme en témoignent les extraits suivants :

« C'est un grand honneur et un grand bonheur pour moi que d'avoir été
« délégué par le Conseil central de la *Société de secours aux Blessés* pour
« venir ici vous recevoir en son nom, au retour de la belle et glorieuse
« mission que vous venez de remplir, et vous apporter toutes ses félici-
« tations et tous ses remerciements pour la manière dont vous avez su
« l'accomplir.

« .... Vous avez démontré victorieusement, une fois de plus, que l'ini-
« tiative privée, dont le développement ne saurait être trop encouragé,
« peut faire des merveilles et devient une auxiliaire des plus utiles pour le
« Commandement militaire quand elle est autorisée à lui prêter son
« concours, dans un but bien déterminé....

« Merci donc à vous, mon bien cher collègue, et à tous vos collabora
« teurs si dévoués, aux médecins et pharmaciens de talent, aux pieux
« aumôniers, aux Sœurs infirmières habiles et compatissantes, aux infir-
« miers qui vous accompagnaient, enfin, à tous ceux qui sont partis
« avec vous, cherchant à votre exemple l'occasion de se dévouer et de
« faire du bien.

« Il me reste un devoir à accomplir en terminant, c'est de remercier, en
« votre nom et au nom du Conseil central, le Comité de Marseille et,
« avant tous, son éminent président le Général Fischer et la présidente du
« Comité des dames, Mme la marquise de Coriolis dont le nom, qui se
« retrouve partout où il y a quelque bonne œuvre à accomplir, est inscrit

« en lettres d'or parmi ceux des meilleurs serviteurs de la France et des
« plus héroïques défenseurs de la Patrie, et dont la présence parmi nous,
« nous est bien précieuse en cette belle journée....

« Vous m'en voudriez, certainement, si je ne mentionnais pas aussi la
« bienveillance que nous avons trouvé à Marseille, près des Chefs de
« l'Armée et de la Marine. C'est que, ici comme partout, chacun avait
« compris que nous travaillions pour l'intérêt de l'armée, c'est-à-dire
« pour l'intérêt de la France, car l'Armée c'est le cœur même de la
« Patrie ! »

Dans sa réponse au Général Récamier, M. de Valence remercie en ces termes :

« Mon Général,

« Je suis certain d'être l'interprète de tous mes compagnons de route,
« en vous remerciant des paroles élogieuses, trop élogieuses, devrais-je
« dire, que vous venez de nous adresser, en remerciant aussi les deux
« Comités de la Croix-Rouge de Marseille, du chaleureux accueil qu'ils
« nous ont fait aujourd'hui.

« L'approbation que la Société veut bien donner ainsi à nos actes nous
« est précieuse; en vous chargeant, mon Général, de nous la trans-
« mettre, elle en augmente encore pour nous le prix. Nous la considé-
« rons comme la meilleure récompense des efforts que nous avons
« tentés pour remplir notre mandat, pour conduire jusqu'au bout notre
« œuvre, cette œuvre que la Croix-Rouge Française a accomplie en
« Chine, au Japon, sur son bateau-hôpital, partout enfin où l'appelaient
« une souffrance à soulager, une douleur à secourir, une vie à sauver.

« M. le général Voyron m'écrivait un jour : « *L'expérience tentée par
« la Société de secours aux Blessés militaires a pleinement réussi, la
« Société peut être satisfaite de son œuvre.* » Eh bien, je dois le dire,
« cette expérience si heureusement terminée, nous aurions été impuis-
« sants à la mener à bien sans le concours généreux, l'appui constant
« que nous a apportés, dans le cours de cette campagne, l'affectueuse
« bienveillance du Commandant en chef de l'Escadre de l'Extrême-
« Orient, M. le Vice-Amiral Pottier. Partout sur notre route, au Japon
« comme en Chine, à Nagasaki comme à Takou, son infatigable solli-
« citude n'a cessé de nous entourer, écartant les obstacles, facilitant
« nos entreprises, nous gagnant les bonnes volontés et les sympathies ;
« que dis-je, elle nous a suivis jusqu'ici et tout à l'heure, à notre arrivée,
« sur le paquebot même qui nous amenait, une dépêche signée de lui
« venait nous trouver, nous apportant une dernière fois les remerciements
« de l'Escadre de l'Extrême-Orient.

« .... Aussi, est-ce avec un sentiment de profonde gratitude, partagé
« par votre formation hospitalière tout entière, que je saisis l'occasion
« qui s'offre ce soir à moi, de rendre ici publiquement à M. le Vice-Amiral
« Pottier, au nom de la *Croix-Rouge française*, de ses Délégués et de tous
« ceux qu'elle a recueillis et soignés, cet hommage ému de nos cœurs
« reconnaissants. »

CHAPITRE VI

LETTRES OFFICIELLES

RÉPUBLIQUE FRANÇAISE

MINISTÈRE
DE LA MARINE

État-major général

Paris, le 25 juillet 1900.

Le Vice-Amiral Bienaimé, Chef d'état-major général de la Marine, A Monsieur le Général Davout duc d'Auerstaëdt, Grand Chancelier de la Légion d'Honneur, Président de la Société de la Croix-Rouge Française.

« Mon Général,

« Je sais que la Société de la Croix-Rouge française songe à exercer sa générosité au profit de nos marins et soldats faisant partie de l'Escadre de l'Extrême-Orient et du Corps expéditionnaire de Chine.

« Je sais aussi qu'il y a quelques hésitations au sein du Conseil au sujet du meilleur rendement des sommes dont vous disposez.

« Veuillez me permettre de vous apporter le tribut de mon expérience personnelle, en vous affirmant que la manière la plus sûre de tirer tout le parti possible de vos efforts est de les concentrer sur la création d'un *hôpital-flottant*.

« Les souvenirs du *Mytho* au Dahomey, du *Shamrock* à Madagascar, sont là, avec statistiques à l'appui, pour prouver la supériorité des *hôpitaux-flottants* qui sortent les malades des influences morbides locales et assurent, rien que de ce fait, leur plus prompt rétablissement.

« J'ajouterai que cet hôpital complet que constitue un navire avec ses appareils à glace, ses distillateurs, etc., se transportant lui-même partout où il en est besoin, procure des avantages tout particuliers et, je crois, économiques.

« Nous savons que les autres nations préparent des bâtiments-hôpitaux, ce serait un grand honneur pour la Société de la Croix-Rouge française de nous permettre de suivre cet exemple, et elle y trouverait l'avantage de rester chez elle, sous la protection du Commandant en chef, le Vice-Amiral Pottier, dans des conditions essentiellement favorables.

« Je finirai en vous affirmant que M. le Médecin en chef Jacquemin, du Corps expéditionnaire, partage absolument ma manière de voir au sujet de l'utilisation des bonnes volontés de votre Société.

« J'espère que vous voudrez bien, en conséquence, donner suite au vœu que m'a exprimé Mme la marquise de La Borde pour la création d'un hôpital-flottant à bord du *Notre-Dame-de-Salut*, bâtiment qui est fort bien disposé dans ce but et a été l'objet d'éloges particuliers à la suite des rapatriements des malades de Madagascar en 1895.

« Veuillez agréer, Mon Général,
« l'assurance de mon respectueux dévouement.

Signé : « BIENAIMÉ. »

Le Vice-Amiral Pottier,

A Monsieur le Général duc d'Auerstaëdt, Président de la Société française de Secours aux Blessés.

Paris, 25 juillet 1900.

« MON CHER GÉNÉRAL,

« Je viens d'apprendre que, sur votre initiative, la Société de la Croix-Rouge avait l'intention d'envoyer un bateau-hôpital dans les mers de Chine.

« L'assistance que la Croix-Rouge se propose de donner au Corps expéditionnaire de Chine, ne pouvait être plus efficace, et je tiens à vous exprimer de suite, à la hâte, toute ma reconnaissance.

« Veuillez agréer, Mon cher Général,
« l'assurance de mes sentiments respectueux et dévoués. »

Signé : « V.-A. POTTIER.

ESCADRE
de
L'EXTRÊME-ORIENT

Commandant en chef

N° 89

A Bord du **Redoutable**,

Le 27 octobre 1900.

Le Vice-Amiral Pottier, Commandant en chef l'Escadre de l'Extrême-Orient,
A Monsieur le Grand Chancelier de la Légion d'Honneur, Président de la
Société « La Croix-Rouge ».

« Monsieur le Grand Chancelier,

« Si j'ai la satisfaction, au milieu des préoccupations de ma charge, de trouver souvent autour de moi des dévouements qui les allègent, un des plus précieux est, certainement, le généreux concours que ne cessent de m'apporter la Société de la Croix-Rouge, et son Délégué, M. de Valence, dont je ne sais comment louer le zèle sans borne et la constante bonne grâce.

« Je tenais à faire remonter mes remerciements les plus chaleureux jusqu'à l'éminent Président de cette admirable Société, et j'ai pensé qu'il vous serait agréable de recevoir un aperçu rapide de l'utilisation faite, ici, des ressources si généreusement mises à notre disposition.

« Comme vous le savez, la Croix-Rouge a affrété le vapeur *Notre-Dame-de-Salut*; elle en a fait un navire-hôpital parfait, où rien ne laisse à désirer tant en personnel qu'en matériel médical, et elle a pensé à y accumuler des approvisionnements et des menus objets, vins réconfortants, livres, jeux, etc… qui rappellent à nos marins les soins qu'ils trouveraient dans leurs familles.

« En ce moment, *Notre-Dame-de-Salut* est utilisée comme bâtiment-hôpital, en rade de Takou; nous y trouvons trois cents lits, installés dans de très bonnes conditions.

« Mais là n'est pas le principal effort de la Société.

« Nous avons à Nagasaki un hôpital établi dans des locaux prêtés par les Sœurs de charité ; cet établissement périclitait, surtout par défaut de personnel et l'obligation allait s'imposer de le réinstaller sur des bases complètement nouvelles.

« M. de Valence m'offrit, au nom de la Croix-Rouge, de prendre en mains cette réorganisation et d'y disposer deux cents lits, tout en continuant à entretenir le navire-hôpital qui ferait la navette entre Takou et Nagasaki.

« J'ai accepté cette offre avec une profonde reconnaissance, mais j'ai trouvé juste que la Marine prît à sa charge quelques dépenses, et j'ai écrit au Ministre que, la Société assurant tous les autres frais, je m'étais engagé au nom du Département, à acquitter les dépenses de charbon et de matières grasses qui seraient occasionnées par les voyages entre Nagasaki et Takou.

« Lorsque, dans la suite, le service de *Notre-Dame-de-Salut* pourra être supprimé, M. de Valence m'a dit que la Société serait peut être disposée à couronner son œuvre en faisant une évacuation directe de convalescents sur la France.

« Pour ce dernier voyage, il me semble aussi équitable que l'État supporte certains frais, le charbon, les matières grasses et les droits de transit du canal de Suez. C'est ce que je viens de proposer au Ministre, n'ayant pas cru pouvoir prendre sur moi d'engager le Département, pour ces derniers points.

« Nos malades retireraient le plus grand bien de ce voyage et nous ne pouvons, d'ailleurs, mieux témoigner notre reconnaissance à la grande et bienfaisante Société que vous présidez, qu'en utilisant de la façon la plus complète, les ressources qu'elle met, si noblement, à la disposition du Pays.

Signé : « Pottier. »

ESCADRE
de
L'EXTRÊME-ORIENT
—
Commandant en chef.
—
N° 108

A Bord du **Redoutable**,

Nagasaki, le 15 décembre 1900.

Le Vice-Amiral Pottier, Commandant en chef l'Escadre de l'Extrême-Orient,
A Monsieur le Grand Chancelier de la Légion d'Honneur.

« Monsieur le Grand Chancelier,

« Au moment où le navire-hôpital de la Croix-Rouge française, *Notre-Dame-de-Salut*, quitte la rade de Nagasaki en rapatriant un nombre considérable de malades ou convalescents, je tiens à vous redire combien le concours de la Société m'a été précieux, et combien le dévouement de tout son personnel a été grand et à hauteur de la tâche qu'elle lui avait imposée.

« Il nous reste à Nagasaki l'hôpital que la Croix-Rouge y a si admirablement organisé et dont les services sont inappréciables pour tous nos malades.

« Cette formation sanitaire, qui malgré l'évacuation d'aujourd'hui, donne encore ses soins à une soixantaine de malades, continue à nous être utile et sera indispensable au début du printemps, lorsque les communications avec le Corps expéditionnaire seront normalement reprises et qu'il y aura lieu de recevoir les malades que les ambulances de première ligne évacueront.

« Cet hôpital me paraît même si nécessaire, que je serais heureux de voir revenir une seconde formation semblable à celle du *Notre-Dame-de-Salut*, qui au moment du rapatriement des malades de l'hiver, pourrait nous rendre autant, si ce n'est encore plus de services que le navire-hôpital rentrant en France actuellement.

« C'est sans crainte, Monsieur le Grand Chancelier, que je demande à la Croix-Rouge française de continuer la sollicitude dont elle entoure nos malades, et les lourdes charges qu'elle supporte pour les soulager.

« Qu'elle sache bien, et je vous prie de vouloir bien le lui faire savoir, que si elle ne ménage ni ses efforts, ni ses dépenses, de notre côté nous lui gardons la plus profonde reconnaissance.

« Je ne saurais terminer sans rendre de nouveau l'hommage le plus mérité aux Délégués en Chine de la Société, M. de Valence et M. de Nantois : leur dévouement est inaltérable, le bien qu'ils font autour d'eux ne peut se calculer, et je n'essaie plus de trouver des termes pour les en remercier.

Signé : « Pottier. »

RÉPUBLIQUE FRANÇAISE

**MINISTÈRE
DE LA MARINE**

État-major général.

3ᵉ section

Paris, le 9 février 1901.

*Le Ministre de la Marine,
A Monsieur le Général duc d'Auerstaëdt, Grand Chancelier de la Légion d'Honneur, Président de la Société française de secours aux Blessés militaires.*

« Monsieur le Président,

« J'ai l'honneur de vous adresser ci-inclus un extrait d'une lettre que j'ai reçue de Monsieur le Vice-Amiral Pottier, Commandant en chef l'Escadre de l'Extrême-Orient, dans laquelle il rend témoignage des excellents services rendus à nos forces navales dans les mers de Chine par le navire-hôpital « *Notre-Dame-de-Salut* » armé par l'Association que vous présidez.

« Je suis heureux de joindre mes remerciements à ceux de Monsieur le Vice-Amiral Pottier, et de vous assurer de la très vive gratitude de mon Département pour les soins donnés à nos marins et à nos soldats.

« Agréez, Monsieur le Président,
les assurances de ma haute considération. »

« Pour le Ministre et par son ordre :

« Le Vice-Amiral,

Chef d'État-Major Général de la Marine,

Signé : « Bienaimé. »

ESCADRE
de
L'EXTRÊME-ORIENT
—
Départ du Navire-Hôpital
de la Croix-Rouge.

EXTRAIT

A bord du *Redoutable*.

Nagasaki, le 15 décembre 1900.

Le Vice-Amiral Pottier, Commandant en chef l'Escadre de l'Extrême-Orient,
A Monsieur le Ministre de la Marine.

« Monsieur le Ministre,

« J'ai l'honneur de vous informer que le bateau-hôpital de la Croix-Rouge française, « *Notre-Dame-de-Salut* », quitte Nagasaki pour effectuer son retour, en emportant 106 malades. . . . .
. . . .

« Je ne saurais trop insister près de vous, sur les services rendus au Corps expéditionnaire par cette admirable Société.

« A Nagasaki, elle a organisé et fait fonctionner d'une manière parfaite un hôpital de 200 lits qui, tous, ont été presque constamment occupés; à Takou, comme à Chan-Haï-Kouan et à Nagasaki, le navire-hôpital de la Croix-Rouge a concouru avec les transports de l'État à recueillir les malades évacués par le Corps expéditionnaire et l'Escadre, et le dévouement du personnel de la Société a toujours été au-dessus de tous éloges. . .
. . . .

« Quant aux deux personnes qui sont l'âme des services hospitaliers de la Croix-Rouge en Chine, M. de Valence, et son coadjuteur M. de Nantois, je ne peux que vous signaler les soins et la sollicitude dont ils entourent nos malades avec un zèle de tous les instants.

« Leur dévouement inaltérable et si noblement désintéressé mérite non seulement notre profonde reconnaissance, mais aussi tous nos respects. »

Signé : « Pottier. »

« Pour extrait conforme :
« Le Capitaine de frégate, chef de la 3ᵉ Section,
« Adigard. »

EXPÉDITIONNAIRE
DE CHINE
—
at-Major Général.
—
1ᵉʳ *Bureau*

Tien-Tsin, le 24 mai 1901.

Le Général de division Voyron,
  Commandant en chef le Corps expéditionnaire de Chine,
A Monsieur de Valence, Délégué de la Croix-Rouge Française.

MONSIEUR LE DÉLÉGUÉ,

« J'ai l'honneur de vous faire connaître que je me suis préoccupé de la question de savoir, si, étant données les circonstances actuelles, les sacrifices que s'impose la Société de la Croix-Rouge française ne sont pas devenus hors de proportion avec les besoins du Corps expéditionnaire français.

« Les opérations militaires sont actuellement terminées ; le nombre des malades est très faible, les hôpitaux militaires et civils installés dans l'étendue du Pei-Tché-Li suffisent amplement désormais à nos besoins. Dans ces conditions j'estime que ce serait abuser du dévouement que vous avez si généreusement prodigué au Corps expéditionnaire, que de prolonger plus longtemps l'établissement de la Société de la Croix-Rouge française en Extrême-Orient.

« Je vous prie d'être mon interprète et celui de toutes les troupes françaises auprès de votre Société et de la remercier de toute la solicitude qu'elle n'a cessé de nous témoigner.

« Je suis heureux de vous remercier vous-même, et de vous féliciter des résultats qui ont couronné vos efforts. L'expérience tentée par la Croix-Rouge française a pleinement réussi et la Société a tout lieu d'être satisfaite de son œuvre.

« Veuillez agréer, Monsieur le Délégué,
  avec la nouvelle assurance de ma gratitude,
    l'expression de mes sentiments distingués. »

Signé : « GÉNÉRAL VOYRON. »

ESCADRE
de
L'EXTRÊME-ORIENT

Commandant en chef

N° 177

A bord du *Redoutable*.

Nagasaki, le 1er juillet 1901.

Le Vice-Amiral Pottier, Commandant en chef l'Escadre de l'Extrême-Orient, A Monsieur le Grand Chancelier de la Légion d'Honneur, Président de la Croix-Rouge française.

« Monsieur le grand chancelier,

« L'évacuation d'une grande partie des troupes françaises du Pei-Tché-Li va commencer, marquant la fin de l'expédition et mettant un terme à l'œuvre de la Croix-Rouge française en Extrême-Orient.

« Je ne veux pas laisser fermer les établissements sanitaires et revenir en France les Délégués de la Société, sans vous exprimer, une dernière fois, la profonde gratitude de toute l'Escadre.

« J'ai tenu à venir assister, en personne, à la fermeture de l'hôpital de Nagasaki et à apporter à M. de Valence et à ses collaborateurs nos remerciements les plus chaleureux et nos adieux émus.

« L'œuvre de la Croix-Rouge près de nous, peut tenir en deux mots : Organisation du navire-hôpital « *Notre-Dame-de-Salut* »; Installation de la formation sanitaire de Nagasaki.

« Mais ce que je ne saurais dire, c'est tout ce que ces mots cachent de dévouement, de services rendus, de générosité et d'abnégation.

« Nos malades ont trouvé, à l'hôpital de la Croix-Rouge, les soins les plus éclairés et une sollicitude de tous les instants.

« Nos ambulances de Tong-Kou et Chin-Van-Tao, que j'avais déjà pourvues grâce aux envois de diverses Sociétés, ont été visitées au cœur de l'hiver par M. de Valence, lors de son voyage au Pei-Tché-Li, et généreusement approvisionnées de nouveau par les dons de la Croix-Rouge.

« La patriotique activité de M. de Valence ne se laissait rebuter par aucun soin, et c'est grâce à lui que nous avons pu créer à Nagasaki un Cimetière français; il a veillé, lui-même, au transfert de tous nos morts dans le terrain acheté par la Société, à la restauration des tombes, et à l'érection du Monument qui rappellera le souvenir des soldats et des marins morts loin de leur Patrie.

« Telle est l'œuvre accomplie.

« Je vous serai reconnaissant de vouloir bien dire à la bienfaisante Société placée sous votre haute présidence, qu'elle a pleinement atteint le but si noblement poursuivi.

« L'honneur en revient à M. de Valence et à tous ses collaborateurs qui, animés par l'exemple et pénétrés de l'esprit de votre Délégué, ont tous rivalisé de zèle et de dévouement pour mener à bien la mission que vous leur aviez confiée.

« Ils partent, suivis par notre affection et ils vous porteront l'hommage de notre bien vive reconnaissance. »

Signé : « Pottier. »

LÉGATION
de la
RÉPUBLIQUE FRANÇAISE
EN CHINE

Pékin, le 27 juillet 1901.

Monsieur Beau, Ministre de France en Chine,
A Monsieur de Valence, Délégué de la Croix-Rouge Française

Monsieur,

« J'ai l'honneur de vous accuser réception des 28 colis renfermant les lits, médicaments, appareils, livres, etc., que nous devons à votre générosité. Grâce à vous, l'OEuvre de l'Hôpital Français de Pékin sera doté, dès sa naissance, d'un matériel complet, et je ne saurais trop vous en remercier, tant en mon nom personnel, qu'au nom du médecin de la Légation qui en aura la direction, et de la Mission qui est chargée de l'installer.

« Agréez, Monsieur, les assurances de ma considération la plus distinguée. »

Signé : « Beau. »

TEXTE DE LA DÉPÊCHE REÇUE PAR M. DE VALENCE
EN DÉBARQUANT A MARSEILLE LE 10 AOUT 1901.

Amiral Commandant Marine, Marseille,
pour *Monsieur de Valence, Délégué Croix-Rouge attendu.*

« Au moment où vous arrivez en France, je tiens à vous exprimer
« encore une fois la reconnaissance de l'Escadre de l'Extrême-Orient.
« Amitié à vous et à vos dévoués collaborateurs. »

« Amiral Pottier. »

CHAPITRE VII

Remerciements, au nom du Conseil Central,
par le Général duc d'Auerstaëdt, Président de la Société.

Paris, le 14 octobre 1901.

Le Général Duc d'Auerstaëdt, Président,
A Messieurs les Membres du Conseil Central
de la Société de Secours aux Blessés militaires.

« Messieurs et chers collègues,

« Empêché d'avoir l'honneur de présider votre séance du Conseil du 19 octobre, je ne puis laisser passer cette réunion sans demander à mes honorables collègues de voter d'acclamation nos félicitations les plus vives et nos remerciements les plus sincères, à tous ceux qui, dans la part prise par notre Société à l'expédition de Chine, ont donné tant de preuves de leur dévouement à notre OEuvre.

« Nous ne l'oublierons pas : c'est grâce à eux que la *Société française de Secours aux Blessés militaires* a tenu si dignement sa place, et qu'elle a pu rendre à nos Armées de terre et de mer des services qui ont été si hautement appréciés par leurs chefs éminents, M. le Général Voyron et M. le Vice-Amiral Pottier.

« La campagne de nos vaillants collaborateurs fera plus encore ! Cette expédition lointaine a décuplé les forces de notre OEuvre, en nous donnant — par l'expérience acquise — une légitime confiance en nous-mêmes. Enfin elle aura fait voir au Gouvernement et au Pays tout entier ce qu'une Société comme la nôtre, s'inspirant des sentiments d'humanité et d'un ardent patriotisme, serait capable d'accomplir au jour des grands sacrifices.

« Ma pensée est bien de n'oublier personne, et c'est à tous ceux qui s'étaient enrôlés en juillet 1900, sous l'étendard de notre Croix-Rouge française, que je tiens à adresser mes remerciements émus.

« Mais vous permettrez bien à celui qui a passé sa vie à obéir et à commander, de rendre un hommage particulier à M. de Valence, le Chef de cette bienfaisante expédition.

« Il était impossible de faire preuve, mieux qu'il ne l'a fait, des qualités d'un chef accompli, et d'unir plus heureusement l'autorité à la bonté, le souci de la discipline à l'amour du soldat : qu'il reçoive donc ici, avec l'assurance de la complète et unanime approbation du Conseil central, l'expression de notre profonde reconnaissance.

« Veuillez agréer, Messieurs et chers Collègues, l'assurance de mon affectueux dévouement. »

Signé : « AUERSTAEDT. »

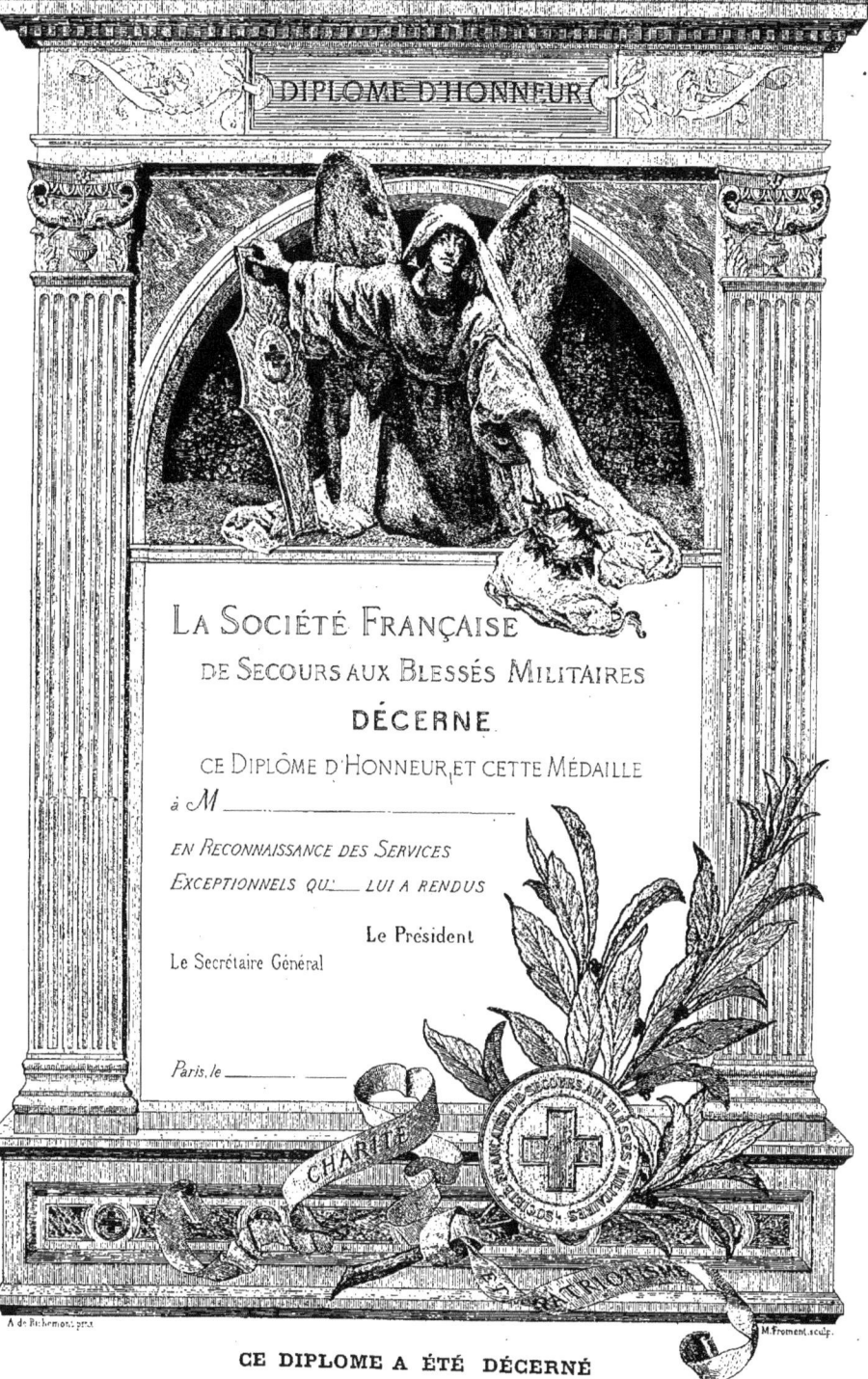

PLAN DES OPÉRATIONS DE LA SOCIÉTÉ EN CHINE ET AU JAPON

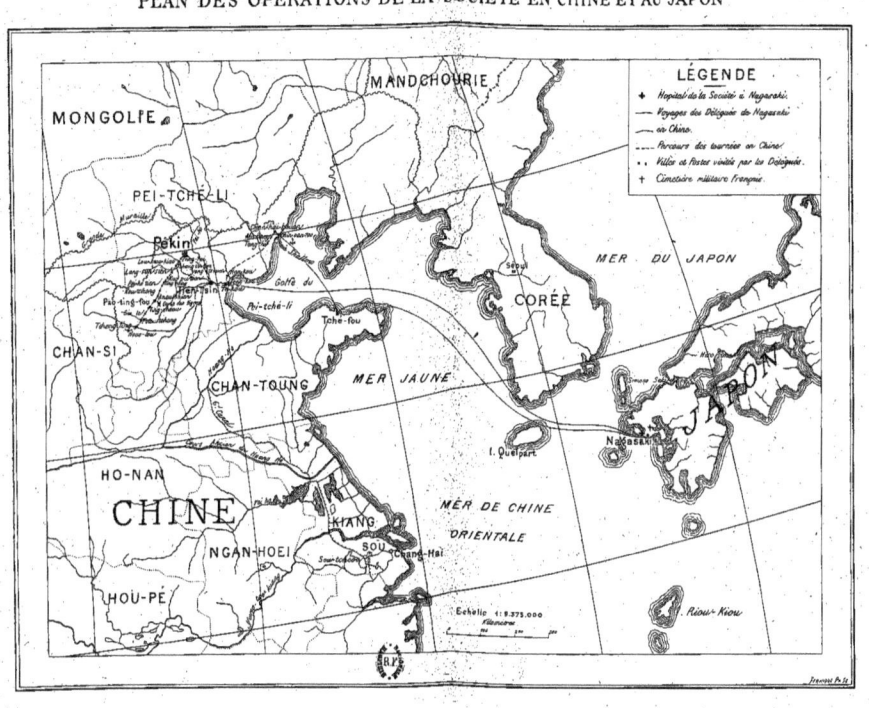

SOMMAIRE

                                                              Pages.

PRÉFACE 1

CHAPITRE PREMIER.

Préparation de l'Expédition de la Croix-Rouge en Chine. — Départ du *Notre-Dame-de-Salut* : Rapport par M. le Dr Riant, Vice-Président de la Société. 4

CHAPITRE II.

Transformation d'un affrêté en *bateau-hôpital*. — L'hospitalisation à bord. — Installation d'un hôpital à Nagasaki : Rapport de M. le Dr Laffont, médecin principal de la Marine. 19

CHAPITRE III.

Rapatriement par la Société d'un convoi de blessés et malades sur le *Notre-Dame-de-Salut* : Rapport par M. le vicomte Joseph de Nantois, Délégué de la Société. 55

CHAPITRE IV.

Fonctionnement de l'hôpital de la Société à Nagasaki (Japon) : Rapport par M. le Dr Labadens, médecin de 1re classe de la Marine. 63

CHAPITRE V.

Rapport d'ensemble sur l'Expédition de la Croix-Rouge française en Chine et au Japon, par M. de Valence, Délégué général de la Société. 95

CHAPITRE VI.

Lettres officielles : de M. le Ministre de la Marine ; de M. le vice-amiral Bienaimé ; de M. le général Voyron ; de M. le vice-amiral Pottier ; de M. le Ministre de France en Chine. 125

CHAPITRE VII.

Remerciements, au nom du Conseil central, par le Général duc d'Auerstaëdt Président, aux délégués, médecins et personnel des Ambulances de la Société en Chine. 155

Plan des opérations de la Société en Chine et au Japon 159

PARIS. — IMPRIMERIE GÉNÉRALE LAHURE.

INSIGNES DE LA SOCIÉTÉ FRANÇAISE
DE SECOURS AUX BLESSÉS MILITAIRES

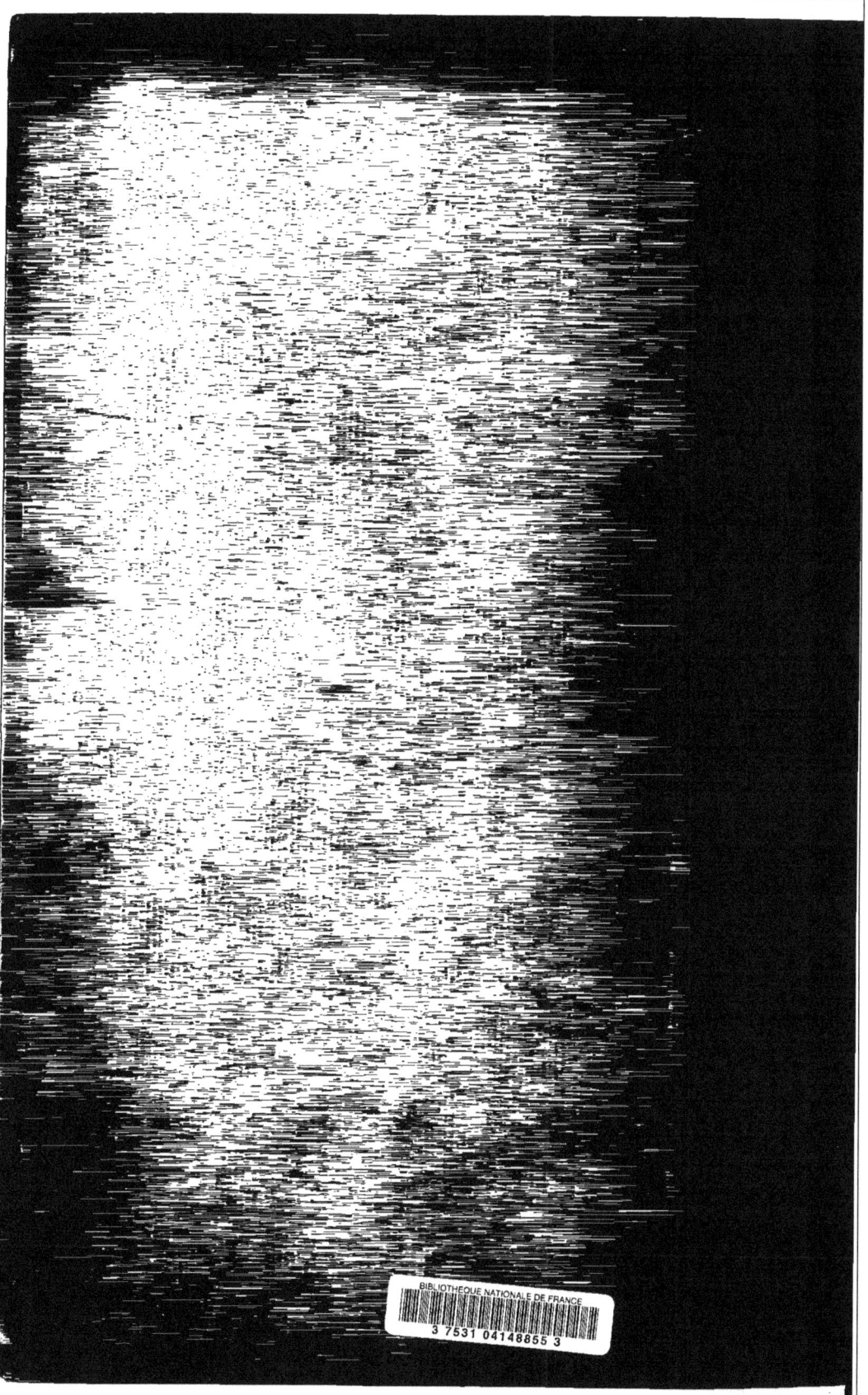

www.ingramcontent.com/pod-product-compliance
Lightning Source LLC
Chambersburg PA
CBHW060525090426
42735CB00011B/2379